U0725305

肌肉训练完全图解

拉伸训练

Anatomy of
Stretching

Craig Ramsay

【加】克雷格·拉姆齐 著 胥美美 孙平 译 张可盈 审校

人民邮电出版社

北 京

目录

序言

仅谈"拉伸"这个词，我想要永远持续地拉伸下去。
拉伸！拉长！展开！延长！

对我来说，"拉伸"这个词，意思是"让它延续"。尽可能让它延续。

当狗在一个美妙的休憩之夜或午睡中被唤醒时，你是否注意过它们的举止？它们四肢立起，然后呈向下或是其他奇怪的姿势。其实，它们是在伸展自己的身体，唤醒它们的肌肉，为全力运动做好准备。

拉伸是我在早晨做的第一件事，也是我睡前做的最后一件事。对我来说，拉伸是我日常中做的最重要的事情之一。我做了非常多的拉伸运动！而且我希望我能做更多！当我拉伸的时候，我的身体感觉我给它敲响了警钟，要它准备做不可思议的事情。

作为一个百老汇舞者、编舞和导演，我总是在排练室创作音乐剧。我喜欢的表演多半需要大量的运动。在每个表演项目之前进行拉伸，有助于身体进行接下来的各种表演动作。如果在做快速弯曲、跳跃、转动、劈叉或踢腿这些动作之前没有进行拉伸，我会很容易受伤。

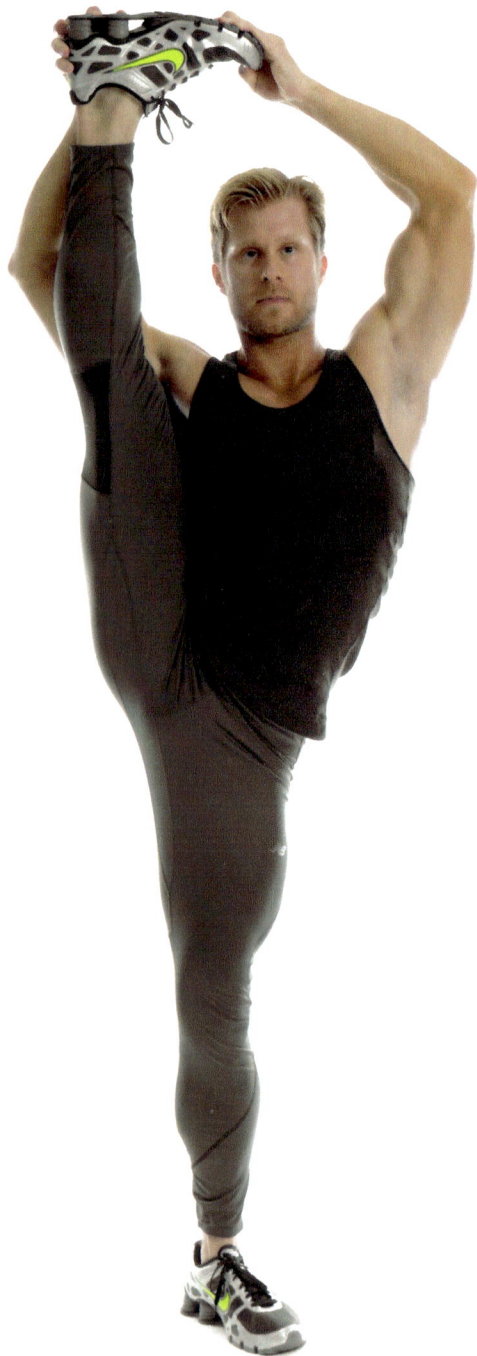

是什么让拉伸运动如此神奇？克雷格·拉姆齐（Craig Ramsay）将介绍专业知识部分。

我第一次注意到克雷格和他惊人的身体状况是他在百老汇表演《屋顶上的小提琴手（Fiddler on the Roof）》时。他是个肌肉非常发达的家伙，以非常优雅和灵活的动作在表演，这引起了我的注意。我花了许多时间与一些最优秀的舞者一起工作，这些舞者都保持着最佳的身体状况。克雷格就是如此！他非常灵活，这与他的肌肉生长、保养、存活力和拉伸训练直接相关。

这本书将回答所有与拉伸相关的问题。克雷格将在技术层次上解释为什么应该进行拉伸。而我所能告诉大家的是所有人每天都应该进行某种形式的拉伸。拉伸会让你的心理和身体感觉更舒服。

没有人告诉狗要进行拉伸，但它们却自主地拉伸，并且是在做任何其他动作之前先进行拉伸。拉伸不仅会拉长你的肌肉，还有你的思想和精神。并且，我相信拉伸你的肌肉可以延长你的生命。加之适当的饮食和运动，你会看起来更健康。

所以，你还等什么呢？让它延续！让我们拉伸起来！

杰里·米切尔

杰里·米切尔（Jerry Mitchell）

杰里·米切尔（Jerry Mitchell）为百老汇众多歌舞剧编舞，如《逍遥法外（Catch Me if You Can）》、《律政俏佳人（Legally Blonde）》（这也是他执导的）、《偷心大少（Dirty Rotten Scoundrels）》、《脱衣舞男（The Full Monty）》、《发胶（Hairspray）》、《鸟笼（La Cage）》（托尼奖）、《永不起舞（Never Gonna Dance）》、《吉普赛（Gypsy）》、《洛基恐怖秀（The Rocky Horror Show）》和《你是个好人，查理·布朗（You're a Good Man, Charlie Brown）》等。他也为伦敦西区剧院编排了《律政俏佳人（Legally Blonde）》、《发胶（Hairspray）》和《真爱永恒（Love Never Dies）》。杰里也是百老汇抗艾滋募捐秀（Broadway Bares）（百老汇关怀中心每年的慈善活动）的构想者和制作人，以及拉斯维加斯Peepshow的制片人、导演和编舞者。

为更美好的生活而拉伸

在我童年时，我很难保持安静。当医生诊断出我患有注意力缺陷多动症（ADHD）时，他们告诉我的父母，药物治疗是让我集中注意力和保持平静的唯一方法。

研究已证明药物治疗对某些ADHD病例是有效的，但我的父母使我一直坚信体育及其他体能活动能够治疗与多动症有关的症状，如注意力不集中、多动或冲动行为。

我的父母注意到，当我做体操动作或高难度的拉伸动作时，我可以保持平静。所以在家庭聚会时，父亲会经常鼓励我展示我的才能。我需要时间来练习后软翻和劈叉，以达到动作完美。我的父亲知道对于精力过剩的我来说，锻炼可使我保持安静。我的母亲也意识到拉伸可使我保持专注，所以她开始鼓励我在客厅的地板上练习拉伸的同时做家庭作业。

不久，我的父母又让我参加舞蹈、体操、曲棍球等运动，这可以使我身体保持活动，从而避免多动症所带来的困扰。他们的计划成功了，我的学习成绩也提高了，而且也更加自信。

我很喜欢这本书及它所传递的信息，因为我真地相信拉伸练习可以帮助我治疗多动症和增强体能。拉伸也是我在溜冰场、在校队，特别是在舞台上施展才华的最大资本。毫不夸张地说，拉伸帮助我获得了在百老汇唱歌、跳舞及表演的成功。拉伸也帮助我成为世界上最著名的健身专家之一。

我希望拉伸运动可帮助你保持敏捷及塑形。同时，我也希望这本书可帮助你克服生活中的任何困难。

克雷格·拉姆齐

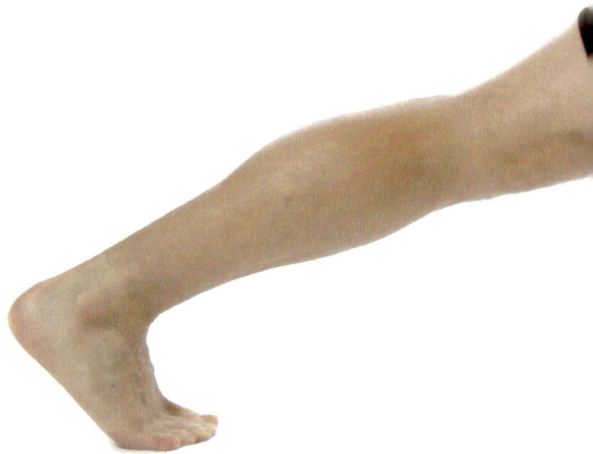

建立日常拉伸锻炼方案

乘 坐飞机时，乘务人员会给予我们安全建议，即在帮助亲人和邻座前先戴好自己的氧气面罩，也就是说要把自己的安全放在首位。

这种规则也适用于拉伸锻炼、日常锻炼方案以及生活本身。不要因为照顾自己而感到内疚。我们应该以实现自我价值和获得健康的体魄作为目标。如果自身健康状况欠佳，除了对自身，对亲人也没有任何好处。

拉伸的类型

拉伸有许多类型，如静态的、动态的、被动的和主动的。你应注意到拉伸锻炼有很多选择，但将各种拉伸锻炼分开来做不是日常拉伸锻炼的最佳方式，所有的拉伸类型相结合才是最理想的锻炼方案。

静态拉伸是拉伸肌肉到最大极限并保持一定的时间。

动态拉伸是通过动态的动作来增加某个特定身体部位的活动幅度。

等长拉伸是静态拉伸的一种，被拉长的肌肉群同时做等长收缩。

主动拉伸是指在除主动肌和拮抗肌的作用外没有其他力量作用的情况下保持某个姿势。

被动拉伸是通过外力，如一个人或一种设备的作用，带动放松的人进行关节活动。

本体感觉神经肌肉促进法拉伸（Proprioceptive neuromuscular facilitation，PNF），最初作为一种物理疗法，联合了被动拉伸和等长拉伸。它通常要求先做10秒的对抗，然后再进行10秒的放松。

这本书主要强调的是静态、被动和主动拉伸。这些形式的拉伸对希望获得灵活性和发展身体意识的人是非常重要的。

全身拉伸

目前对理想的拉伸顺序及如何进行拉伸有很多观点，但尚无足够的数据来支持其中任何一种观点。不过这本书所涉及的拉伸的相关内容（第20至103页）参考了源于舞蹈领域及私人培训的大量信息。拉伸运动涉及所有的主要肌肉群及相应的拮抗肌，它所提供的全方位的拉伸锻炼方案用于引导你去发现你的优势和劣势：你存在什么问题？你最紧的肌肉是哪块？一侧肌肉是否比另一侧更强？你究竟有多灵活？是什么阻碍了你的生活和运动的潜力？

针对运动员的忠告

要做稍大幅度的运动，肌肉必须足够灵活，但不要过于灵活，因为过于灵活会使肌肉变得太过松弛并失去控制力，从而削弱它的表现。

拉伸锻炼开始于脚部。脚踝和脚是身体的基础。脚有26块骨头，是一个复杂的结构。同舞者一样，应该首先锻炼脚步。脚会影响整个身体的健康，包括内脏。脚和脚踝紧绷可导致腘绳肌、小腿和臀部紧绷。脚部灵活有助于加强心血管功能，并且可降低锻炼时腿部拉伤和疼痛的风险。

这本书中的许多拉伸锻炼是针对背部、大腿内侧和腘绳肌，以及所有易于拉紧的区域的。腘绳肌是一组位于腿后侧的三块肌肉：股二头肌、半腱肌和半膜肌，是主要的屈膝肌。腘绳肌是下半身最紧的肌肉。

一条腿还是两条腿？

神经系统针对两侧（两腿同时运动）的保护阻滞作用比单侧（每次一条腿运动）起效要快。因此两腿同时运动的幅度更易受限制。但我们一定不要忘记进行单侧拉伸锻炼，因为这种形式的拉伸可增大运动幅度。任何舞者都承认高踢腿时一条腿比另一条腿更灵活。

多久做一次拉伸锻炼？

如果条件允许，你可以每天都进行拉伸锻炼。这与重量训练不同，两次拉伸锻炼期间你不需要额外的休息日来愈合和修复肌肉。总之，你的最终目标是让拉伸锻炼成为你日常生活的一部分。但是，如果每日的拉伸锻炼不能完成，你不需要自责。现实生活中，每天都会有意想不到的事情发生，而时间不会为你而停留。因此，可将未完成的锻炼纳入第二天的日程安排中，但一定要说到做到。

一周不少于四次的拉伸锻炼会对你的生活带

趁热锻炼

当你体内温度高时，你的身体工作状态最佳。因为这种情况下，你的肌肉更温暖所以更放松；你的快速反应速度提高；运动自觉量低；心脏速率也较低。

找出你的体温达到峰值的时间。大多数人峰值出现在下午晚些时候，而谷值出现在早上。因此，拉伸运动最理想的时间是在下午。

重要提示： 如果天气非常寒冷，或者你感觉身体很僵硬，为降低受伤风险，在进行拉伸运动之前先进行热身。

在两套锻炼动作之间，轻微拉伸目标肌肉可以增强力量训练，如果你正在锻炼肱二头肌，可以试着做下肱二头肌拉伸（第79页）。

来很大影响。即使一周一次，也会产生让你意想不到的效果。

一旦你开始有规律地进行拉伸锻炼，你就会感觉到好的效果。

请记住，拉伸锻炼对缓解压力有帮助。我以前的一位顾客，感觉生活压力大。他在进行一天两次的拉伸锻炼后，觉得压力得以缓解了。

没有借口！

不要浪费时间为你不能进行拉伸训练而找借口。从本书中学习拉伸，然后你就可以在任何地方进行锻炼。你会发现以下时间和地点可以进行拉伸：

- 早晨第一件事和傍晚的最后一件事；
- 当家庭电影之夜或在你最喜欢的一小时电视节目时，在电视机前；
- 与朋友一起；
- 长时间在计算机前时；
- 长时间的航空飞行时，在舒适的座椅上；
- 你感到身体僵硬、酸痛或有压力的任何时候！

只要记住，在照顾好自己身体的情况下，你可以在任何地点和任何时间进行适当的拉伸锻炼。

扫描下方二维码添加企业微信。

1. 首次添加企业微信，即刻领取免费电子资源。

2. 加入体育爱好者交流群。

3. 不定期获取更多图书、课程、讲座等知识服务产品信息，以及参与直播互动、在线答疑和与专业导师直接对话的机会。

拉伸的好处

拉伸锻炼有很多好处，列举以下几点。

提高灵活性及增加能量。灵活性提高可以改善身体活动能力，并降低受伤的风险。灵活的肌肉比僵硬的肌肉更耐损伤。拉伸可使肌肉组织的温度微微增加，这就提高了纤维断裂的阈值。拉伸还提高了能量产生酶的效率，能为锻炼提供更多的能量。

消耗热量。大量的动态/主动拉伸运动可以帮助你提高卡路里消耗的速度。

提高心肺耐力。拉伸有助于培养身体在可持续活动期间供给养料和氧气的能力。这还可以提高你的疲劳阈值。

对抗衰老的影响。当你变老时，身体会失去灵活性。但适当的拉伸锻炼可以帮助你恢复和保持灵活性。如果肌肉损伤，改善肌肉的循环可缩短恢复时间。拉伸能帮助你达到最健康的关节活动范围，这使你保持更好的平衡能力。随着年龄增长，较好的平衡力是很重要的，因为它可以降低摔倒引起受伤的风险。

减轻压力。压力可引起肌肉紧张，拉伸锻炼可使肌肉放松。拉伸锻炼方案可用来缓解情绪崩溃及改善注意力。

提高肌肉的协调性。定期拉伸缩短了信息从肌肉传到大脑的时间。

减轻下背部的疼痛。拉伸髋屈肌、腘绳肌、臀肌和腰椎部位，能增加骨盆和腰椎的活动范围，进而能降低下背部的疼痛。

拉长肌肉。较长的肌肉有较大的增长潜力。拉伸锻炼项目与适当的负重项目相结合可帮助你锻炼出更大块、更健美的肌肉。

为拉伸锻炼花时间意味着为自己花时间，可以帮助你保持头脑清楚，获得自信，并专注于自己的目标，还有利于提高你睡眠质量。机体获得充分休息后，能更好地实现目标！

什么时候不要进行拉伸：来自一些舞者的经验教训

当建立拉伸锻炼计划时，关键是要找到肌肉紧张与肌肉灵活性之间的平衡。所有的心血管和负重练习需要适当的拉伸及收缩。将肌肉看作橡皮筋，过度拉伸它，它就失去了正常收缩能力，从而降低了其强度。

舞者通常会进行不合适的拉伸。有些舞者在为心血管功能锻炼或进行拉伸锻炼时滥用他们超凡的灵活性，或者在练习舞蹈前进行过度拉伸来热身。

然而，无论劈叉能力多么惊人，成功的拉伸锻炼关键在于知道什么时候进行较大幅度的拉伸、什么时候把重点放在较小幅度的拉伸。过度拉伸的肌肉反应起来就像松散的面条，易于受伤。若舞者的肌肉过度拉伸，就限制了他们可举起的重量，进而会妨碍他们的成功。

我们可以从中学到的经验教训就是在锻炼前和锻炼期间做轻度的拉伸。例如，在力量训练期间，轻轻拉伸你想锻炼的肌肉，使之有力度。但切记锻炼后要放松拉伸的肌肉。

什么时候进行拉伸

拉伸锻炼可减轻或避免下列肌肉状态或伤害。

肌肉抽筋摄取水分不足、饮食中缺乏镁和钠、不正确的姿势和/或不适当的运动或锻炼可导致肌肉抽筋。过量饮酒、糖尿病相关疾病、由血小板积聚导致的动脉狭窄也可引起抽筋。夜间抽筋与B族维生素、镁和钙的缺乏有关。为了缓解或消除抽筋，拉伸抽筋的肌肉，以迫使它立即放松。

肌肉僵硬激烈运动后一至二天，你可能会感到肌肉僵硬，这可能持续几天，甚至超过一周。在训练过程中、训练后及训练前几天轻轻拉伸，能防止或减轻肌肉僵硬。

肌肉痉挛肌肉痉挛是疲劳的表现，并预示着可能有肌肉损伤。通常显示为肌肉内有一个疼痛的疙瘩。控制和消除痉挛可能需要数天。为了减少甚至防止肌肉痉挛，在运动前和运动期间拉伸经常痉挛的部位。

肌肉拉伤肌肉拉伸过于用力或超出其正常长度可能会导致极其疼痛的损伤，称为肌肉拉伤。要医治拉伤的肌肉，必须休息。当然，适当地拉伸是阻止肌肉拉伤的最好方法。

肌肉撕裂当肌肉已经损伤或极度疲劳时，如果你过于勉强自己进行锻炼，就可能导致肌肉撕裂。肌肉撕裂是一种严重的肌肉损伤，它可能使运动员停训长达半年，更严重的是它可能影响运动员的整个职业生涯。

肌肉断裂当一大束肌肉纤维损坏时，就可导致肌肉断裂。当你的肌肉疲劳时，如果你仍然继续锻炼它们，超出了它们的极限，此时肌肉就处于断裂的高危险期。将拉伸锻炼与健美或负重锻炼相结合是防止肌肉断裂的最佳方式。

适当的热身

拉伸锻炼首先需要适当的热身。并且要记住，拉伸不是热身！例如，每场百老汇演出都会提前半小时集合，目的是让所有演出者在30分钟内进入角色。但有责任心的百老汇舞者知道他们需要半小时以上进行身体上和心理上的准备。拉伸有助于表演时身体柔软，他们知道在拉伸之前他们需要留下充足的时间进行从头到脚的热身。

你应该像舞者一样，从脚趾开始直到手指，旋转所有的关节，让它们润滑起来。

1 摆动所有的脚趾5~10秒。

2 转动脚踝，左右各5~10次。

3 弯曲膝盖，左右各5~10秒。

4 转动臀部，每侧5~10转。

5 来回扭动躯干5~10秒。

6 转动肩部，左右各5~10次。

7 弯曲肘部，左右各5~10秒。

8 从一侧到另一侧转动颈部，5~10秒。

9 转动手腕，左右各5~10秒。

10 摆动所有手指，5~10秒。

对于每个关节，先慢速、顺时针方向活动，然后再反向逆时针活动。转动关节后，应该做5~8分钟的有氧运动/心血管活动，这能够增加体内氧气的供应，并且能使心脏更有效地利用氧气。增加肌肉中的血流，不仅能提高肌肉性能和灵活性，同时也降低了受伤风险。

技术含量低的有氧热身练习包括如下内容。

- 弹跳或在原地踏步
- 慢跑
- 跳绳
- 在小蹦床上弹跳
- 脚趾轻叩博苏球
- 跳爆竹

高科技有氧热身机器包括如下内容。

- 跑步机
- 划船机
- 健身脚踏车
- 台阶训练机
- 椭圆机

以最大心率的40%开始有氧热身，这样应该感觉节奏很轻松，然后进展到最大心率的60%。

热身可改善身体协调性、增加弹性、提高身体意识水平，有助于拉伸锻炼。

结束活动

你可以在锻炼的最后进行快速拉伸（第158、159页），以结束拉伸锻炼。

从舞者身上学到的经验教训

几乎每个舞者都是一条腿比另一条腿灵活。这条"好腿"被反复使用，如在试镜或百老汇舞台上踢腿等。然而，这种对好腿的依赖造成了不平衡，进而影响姿势，甚至导致受伤。肌肉变得紧实以及一条腿的过度发达，可能会导致舞者的职业生涯的提前结束。其他每天重复运动的人，也能体验到这种失衡。这本书可以帮助你找出这些问题的根源，并为你提供健康保健专家的处理方式。

在锻炼中进行适当的结束活动有很多好处，包括：

- 降低心率，使呼吸恢复到正常速度；
- 保持你的活动幅度正常和灵活性完好；
- 有助于避免因剧烈活动的突然停止而引起的头晕或昏厥；
- 减少运动后肌肉痉挛、抽筋及肌肉僵硬（尤其是女性）出现的概率；
- 保持全身血液流动；
- 帮助减少肌肉损伤、僵硬和酸痛。

要穿什么衣服？

你有没有听说过这样一句话，"你穿什么样的衣服，你就会感觉自己是什么"。当进行锻炼时，将呈现自己的最佳状态作为目标。

- 穿着适合自己体格的衣服，以提高自信。在健身房或健身俱乐部锻炼，确保穿着适合于锻炼场地。选择透气性好的面料，这种面料便于移动，而且不会束缚你。
- 穿着要层次化。在体力活动中，尤其是拉伸锻炼期间，保暖是很重要的。一旦身体热起来，除去一层衣服比治疗冷拉伸的肌肉要节约时间。
- 穿适合锻炼的鞋子，必要时更换它们。例如，在跑完300英里（1英里约等于1.6公里）或开始出现明显磨损的迹象时，购买一双新跑鞋。
- 注意个人卫生：刷牙，经常洗澡，使用除臭剂。
- 避免锻炼时浓妆艳抹。
- 你的头发要简单整洁。

如果你看起来最好，你就会感觉最好，如果感觉最好，你就会更投入于锻炼之中。全身心进行锻炼，你就会在出人意料的短时间内达到令人难以置信的效果，即达到健康和塑形两个目标。

你的日常生活锻炼

日常生活锻炼对我们的身体有很多要求。为防止受伤，定期拉伸可改善你的姿势。拉伸运动能教你如何高效地运动，以及高效地处理日常琐事和生活习惯，如携带杂货、进出汽车、搂着或摇晃宝宝睡觉、爬楼梯或收拾衣服以及洗衣服。如果做这些活动时姿势良好，会燃烧更多的卡路里，那就相当于你在进行"日常生活锻炼"。

身体与心灵的联结

这本书将帮助你在进行各种拉伸锻炼中建立肌肉意识，这也将帮助你更好地控制你的身体运动方式。你将逐步了解你的身体，并开始有意图、有效率和有目的地锻炼它。拉伸会减慢你的速度，使你朝着心理、身体和精神合为一的方向发展。

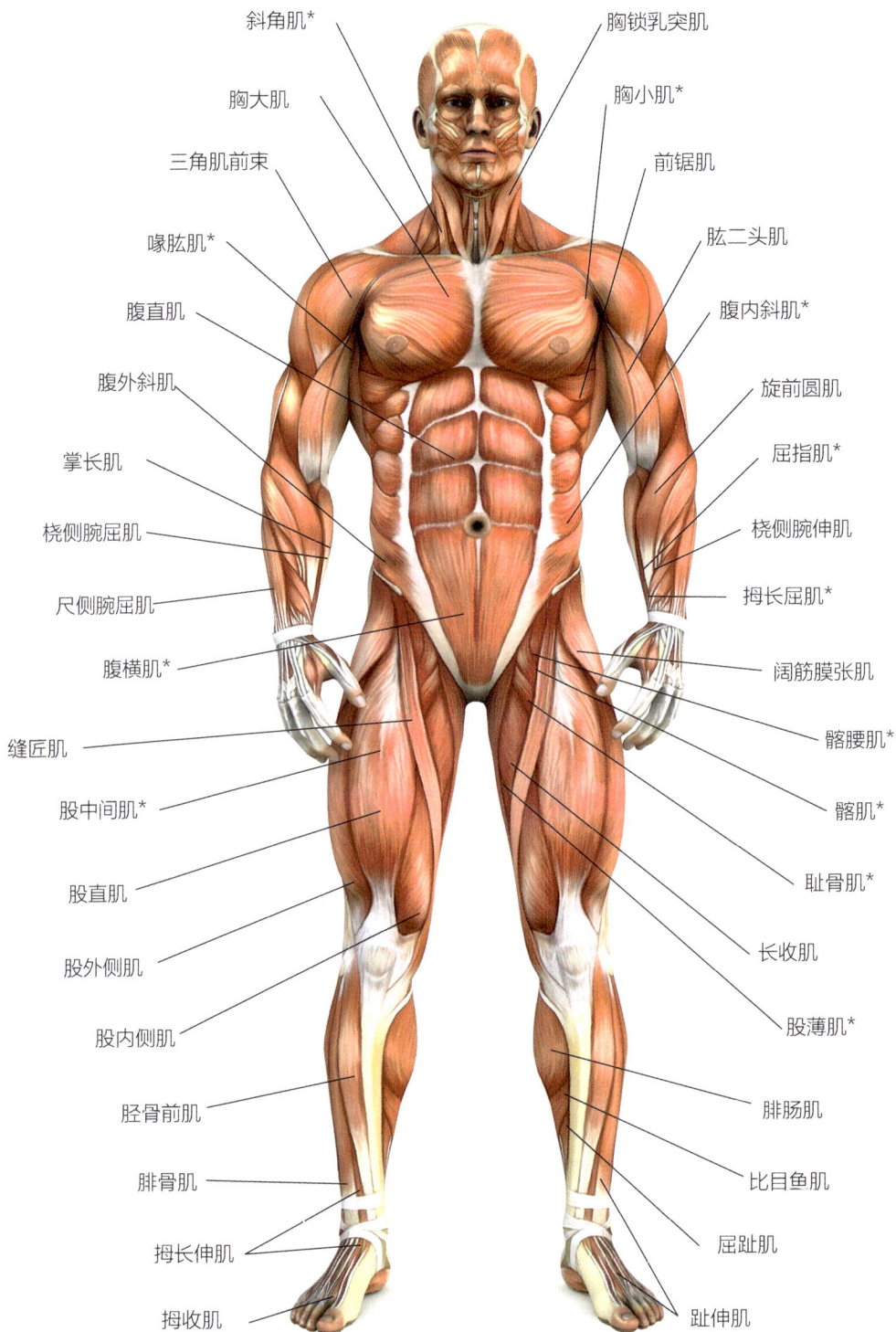

人体构造

斜角肌*

胸锁乳突肌

胸大肌

胸小肌*

三角肌前束

前锯肌

喙肱肌*

肱二头肌

腹直肌

腹内斜肌*

腹外斜肌

旋前圆肌

掌长肌

屈指肌*

桡侧腕屈肌

桡侧腕伸肌

尺侧腕屈肌

拇长屈肌*

腹横肌*

阔筋膜张肌

缝匠肌

髂腰肌*

股中间肌*

髂肌*

股直肌

耻骨肌*

股外侧肌

长收肌

股内侧肌

股薄肌*

胫骨前肌

腓肠肌

腓骨肌

比目鱼肌

拇长伸肌

屈趾肌

拇收肌

趾伸肌

解析关键

黑色字体代表目标肌肉
*代表深层肌肉

18

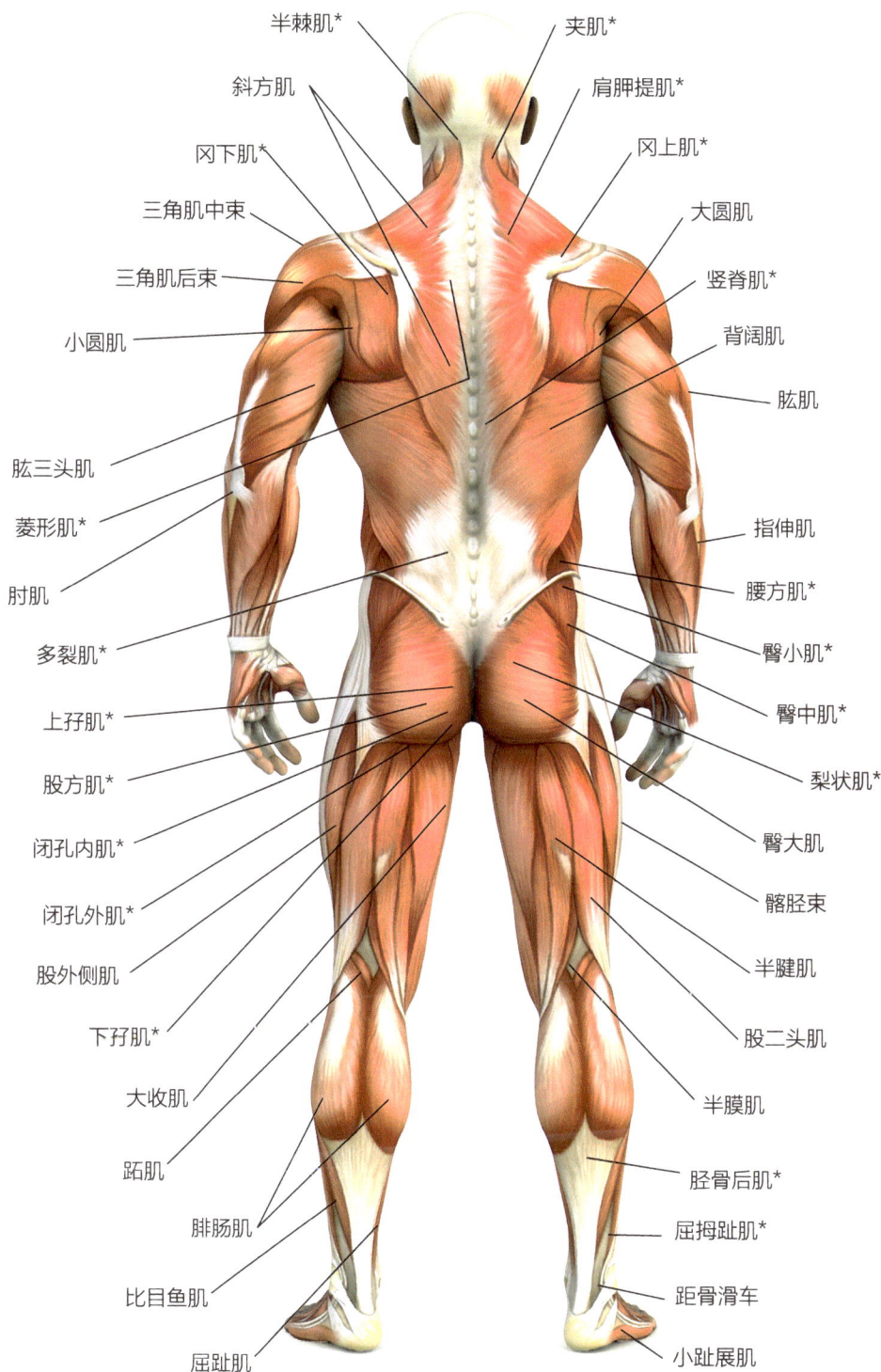

半棘肌*

夹肌*

斜方肌

肩胛提肌*

冈下肌*

冈上肌*

三角肌中束

大圆肌

三角肌后束

竖脊肌*

小圆肌

背阔肌

肱肌

肱三头肌

指伸肌

菱形肌*

腰方肌*

肘肌

臀小肌*

多裂肌*

臀中肌*

上孖肌*

梨状肌*

股方肌*

臀大肌

闭孔内肌*

髂胫束

闭孔外肌*

半腱肌

股外侧肌

股二头肌

下孖肌*

大收肌

半膜肌

跖肌

胫骨后肌*

腓肠肌

屈拇趾肌*

比目鱼肌

距骨滑车

屈趾肌

小趾展肌

背面

解析关键

黑色字体代表目标肌肉
*代表深层肌肉

19

拉伸训练

舞蹈动作表演起来优雅、流畅，拉伸训练也应该这样。但是只有不断地练习才能做到如此，遵照以下方案进行训练会使你受益。因为训练方案是分步骤设计的，所以比较容易重复。

按照此方案练习拉伸，你不用思考就可以回想起拉伸顺序，从而缩短不同拉伸之间的动作，并可以创建循环流程。整个运动流程可以不被不必要的运动变化所打断，这会让你进入安静的冥想状态。你就可以做到心身合一。

分离及控制

当进行常规拉伸锻炼时，注重分离及控制。将肌肉进行分离讲解可帮助你了解它如何工作。你也可以在拉伸过程中进行控制，也就是让你的时间和注意力放在动作改变和强度估量方面。对于初学者来说，一次拉伸的肌肉越少，效果越好。

用适当的重量分布（涉及手和手臂）及适当的形式控制拉伸，这对帮助你衡量拉伸强度是很重要的。当你学会控制运动幅度和拉伸强度时，你会逐渐减少对培训师的依赖。总之，目标就是让你成为一个负责任的、自立的拉伸运动者。

保持拉伸锻炼

除非另有说明，每次拉伸应为30秒。每次拉伸包括两套动作，每套之间有10秒的休息时间。这样可以使日常训练流程化和一致化。你可以戴手表、使用秒表、大声数数或密切关注时钟等，使用最适合自己的计时方式。

不要忘记呼吸

每个人都要呼吸，并且生存离不开呼吸。尽管如此，在锻炼或做拉伸训练时，几乎每个人都限制自己的呼吸并试图控制呼吸。但拉伸时，不要屏住呼吸。呼吸有助于除去乳酸及锻炼产生的其他副产物。适当的呼吸还有助于放松身体，增加进入器官的血流量。在没有过度关注自己呼吸的情况下，你想用你的呼吸将拉伸强度传达给你的肌肉，可以尝试学习如何自然呼吸，即放松下巴和嘴微张，这能放松颈部背面的肌肉及隔膜，进而允许氧气进入肌肉。

放松下巴，用鼻子呼吸。这不仅能清洁空气，又能保证适当温度和湿度的氧气转移到肺部。

呼气一吸气

拉伸前呼气。拉伸时想象你正在吸入健康的、富含氧且凉爽的空气，然后这些空气直接进入了你想锻炼的肌肉内。一般呼出的气体是温暖的，可以除去毒素，并能够带走负面情绪。锻炼自己这样进行呼吸。

辅助脚部拉伸

绷直

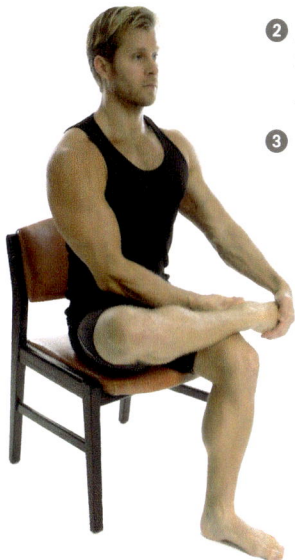

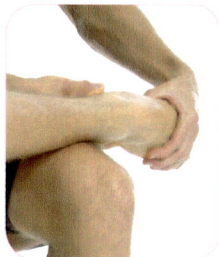

1. 坐在垫子或椅子上，将右脚踝压在左大腿上。
2. 用右手抓住右脚踝，左手握住右脚前部。左手掌放在右脚趾关节处并朝向内，然后将脚面向里压。
3. 换腿，在另一侧重复上面的动作。

弯曲

1. 仍然处于坐姿，将右脚踝压在左大腿上。
2. 左手抓住右脚后跟，右手握住右脚趾底部和脚前掌。
3. 向后拉右脚趾，直到你感觉右足弓在拉伸。
4. 换腿，在另一侧重复上面的动作。

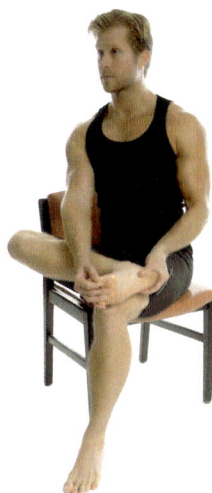

锻炼目标
- 脚
- 小腿
- 足弓

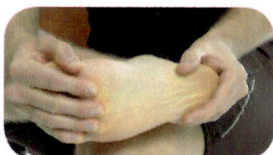

正确做法
- 在向下倾斜阶段，手掌用力推，手掌向下推的力必须比手指向上拉的力要大
- 在向上倾斜阶段，手指用力推，手指向下推的力必须比手掌向上拉的力要大

避免
- 避免脚转动，也就是要固定住脚踝和脚后跟

专家建议

不要忽视脚部，它们是所有站立活动的根基。

这些拉伸可以加强脚踝、改善脚部和小腿的活动幅度，有助于心血管活动。

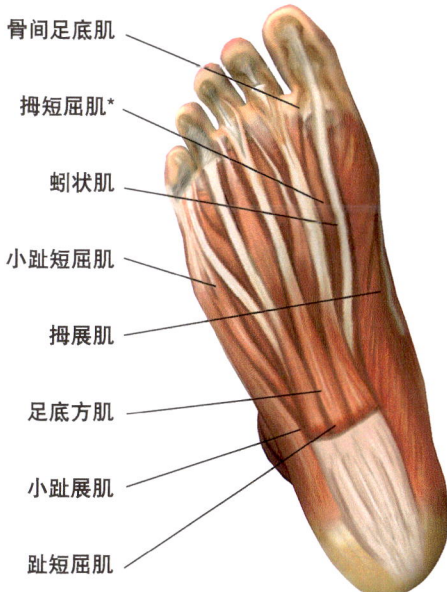

- 骨间足底肌
- 拇短屈肌*
- 蚓状肌
- 小趾短屈肌
- 拇展肌
- 足底方肌
- 小趾展肌
- 趾短屈肌

解析关键
黑色字体代表目标肌肉
*代表深层肌肉

向下倾斜

❶ 坐在垫子或椅子上，将右脚踝压在左大腿上。

❷ 抓住右脚部，左手掌握住右脚的拇趾侧，右手指握住右脚的小趾侧。

❸ 左手掌向下推脚的拇趾侧，同时手指向上拉脚的小趾侧。这就造成了"向下倾斜"。

❹ 换腿，并在另一侧重复以上动作。然后再次将右脚踝压在左大腿上。

❺ 抓住脚部，左手掌握住右脚的拇趾侧，右手指握住右脚的小趾侧。

❻ 左手掌向上拉脚的拇趾侧，同时手指向下推脚的小趾侧。这就造成了"向上倾斜"。

❼ 换腿，并在另一侧重复以上动作。

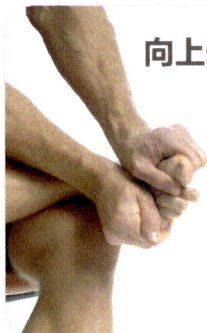

向上倾斜

专家建议

当脚踝往里转、大拇趾指向另一只脚时，确保你不会产生镰状脚。

最佳锻炼部位

- 趾长伸肌
- 趾短伸肌
- 胫骨前肌
- 拇长伸肌
- 拇短伸肌
- 趾短屈肌
- 拇展肌
- 足底方肌
- 小趾短屈肌
- 拇短屈肌
- 蚓状肌
- 骨间足底肌
- 小趾展肌

解析关键
黑色字体代表目标肌肉

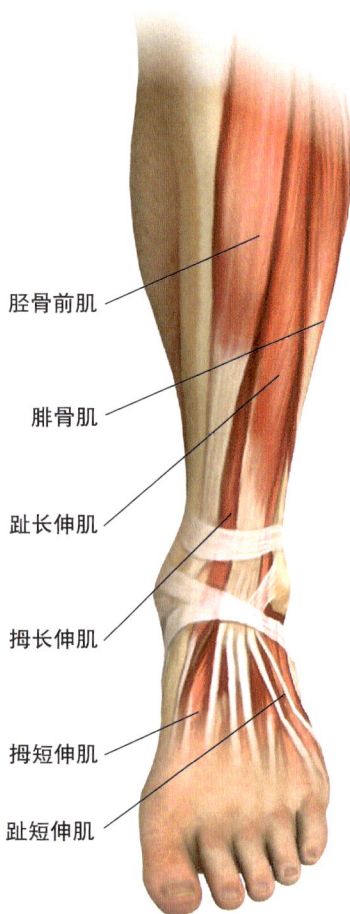

胫骨前肌

腓骨肌

趾长伸肌

拇长伸肌

拇短伸肌

趾短伸肌

绑带辅助拉伸

1 坐在椅子上，双脚平放在地板上。

2 将弹性带环绕在右脚前端，右手固定住带子的两端。

3 保持右腿稳定，右脚跟点地，将带子拉向右方，拉伸脚踝内侧。

4 换腿，在另一侧重复以上动作。

锻炼目标
- 脚踝

正确做法
- 如果没有弹性带，可以用毛巾代替

避免
- 避免将重量转移到正在拉伸的一侧；重量应该均匀分配到两侧坐骨

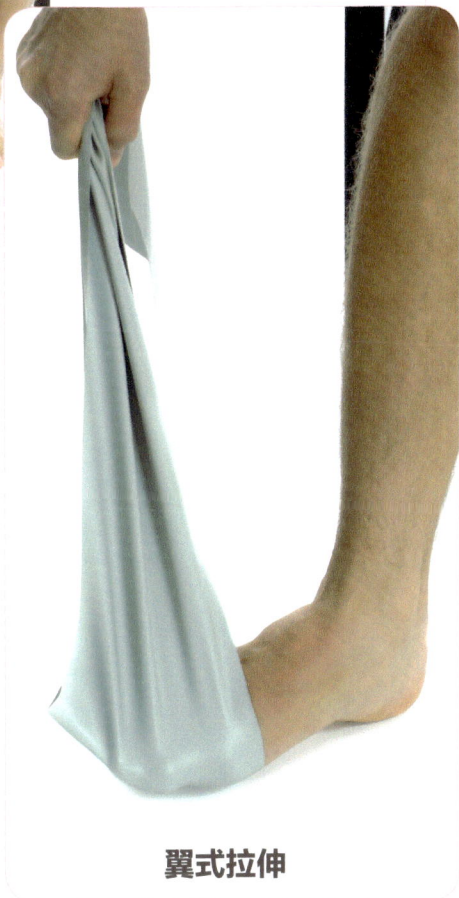

翼式拉伸

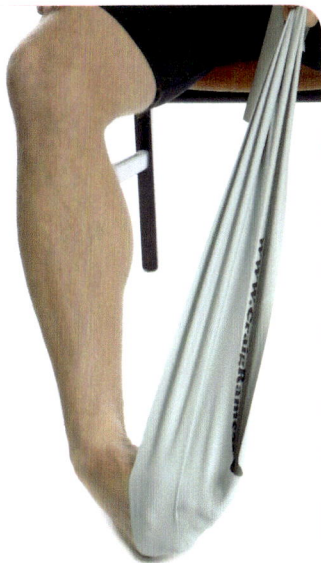

① 坐在椅子上，双腿伸向前方，弯曲双膝。

② 将弹性带环绕在右脚的前端，右手固定住带子的两端。

③ 保持右腿稳定，右脚跟点地，将带子拉向左方，拉伸脚踝外侧。

④ 换腿，在另一侧重复以上动作。

镰刀式拉伸

最佳锻炼部位

- 腓骨长肌
- 腓骨短肌
- 比目鱼肌
- 腓肠肌
- 胫骨后肌

解析关键

黑色字体代表目标肌肉

*代表深层肌肉

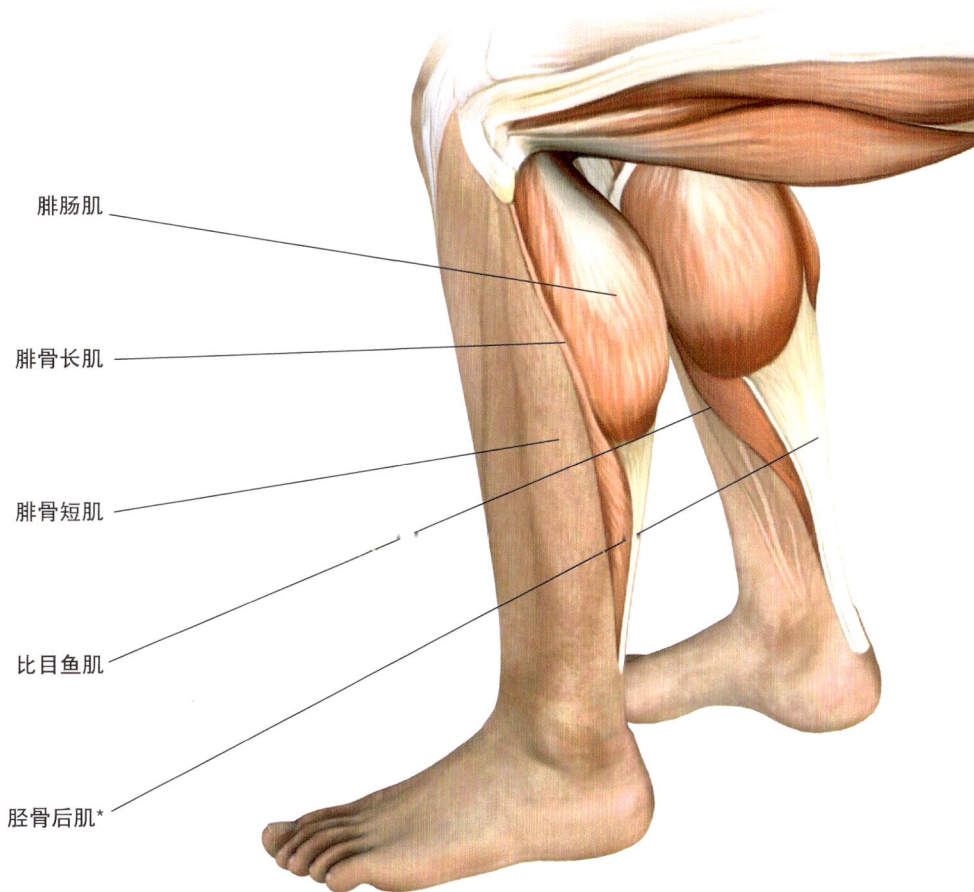

腓肠肌

腓骨长肌

腓骨短肌

比目鱼肌

胫骨后肌*

坐位抱腿式

1. 坐在地板上，双腿朝前方伸直。

2. 弯曲右膝，右手抓住右小腿。左手撑起右脚，动作看起来就像抱着婴儿，脚跟离胸部约30厘米。

3. 换另一侧，重复以上动作。

锻炼目标
- 腘绳肌上部
- 臀肌区域

正确做法
- 提起胸腔
- 收缩臀肌

避免
- 屏住呼吸

解析关键
黑色字体代表目标肌肉
*代表深层肌肉

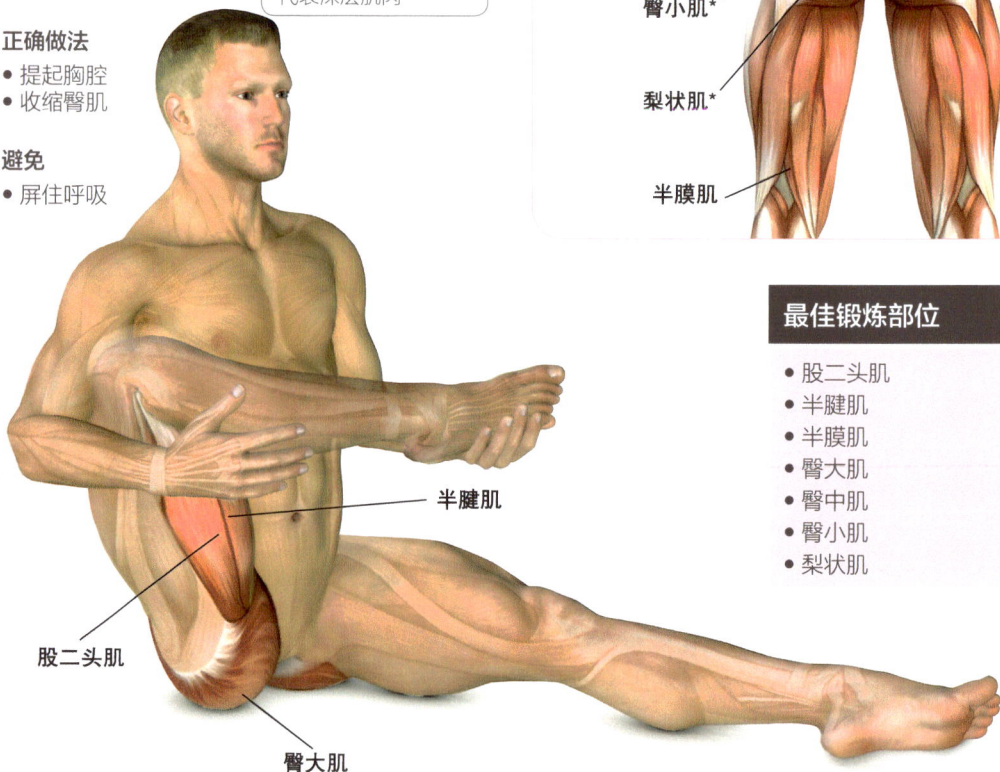

臀中肌*
臀小肌*
梨状肌*
半膜肌

半腱肌

股二头肌

臀大肌

最佳锻炼部位
- 股二头肌
- 半腱肌
- 半膜肌
- 臀大肌
- 臀中肌
- 臀小肌
- 梨状肌

单腿坐式前屈

1. 尽可能笔直地坐在地板上，双腿并行朝前伸直。

2. 弯曲左腿，左脚底板靠在膝盖以上的大腿内侧。将双手放在膝盖上。

3. 弯曲腰部，向右腿方向前倾。将前臂放在右膝盖上。

4. 换腿，在另一侧重复以上动作。

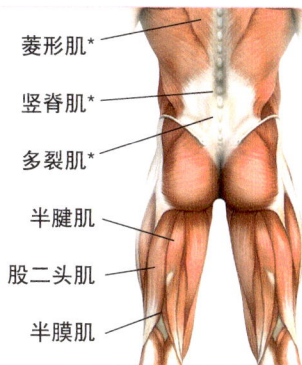

菱形肌*
竖脊肌*
多裂肌*
半腱肌
股二头肌
半膜肌

解析关键

黑色字体代表目标肌肉
*代表深层肌肉

锻炼目标
- 腘绳肌

正确做法
- 低下头，这有利于锻炼菱形肌，也有利于进行高强度的整体拉伸

避免
- 如果后背是绷紧的，应避免拉紧后背。做拉伸时最好后面有张沙发。确保后背离沙发尽可能的近

最佳锻炼部位

- 股二头肌
- 半腱肌
- 半膜肌
- 多裂肌
- 竖脊肌
- 腓肠肌
- 比目鱼肌
- 菱形肌

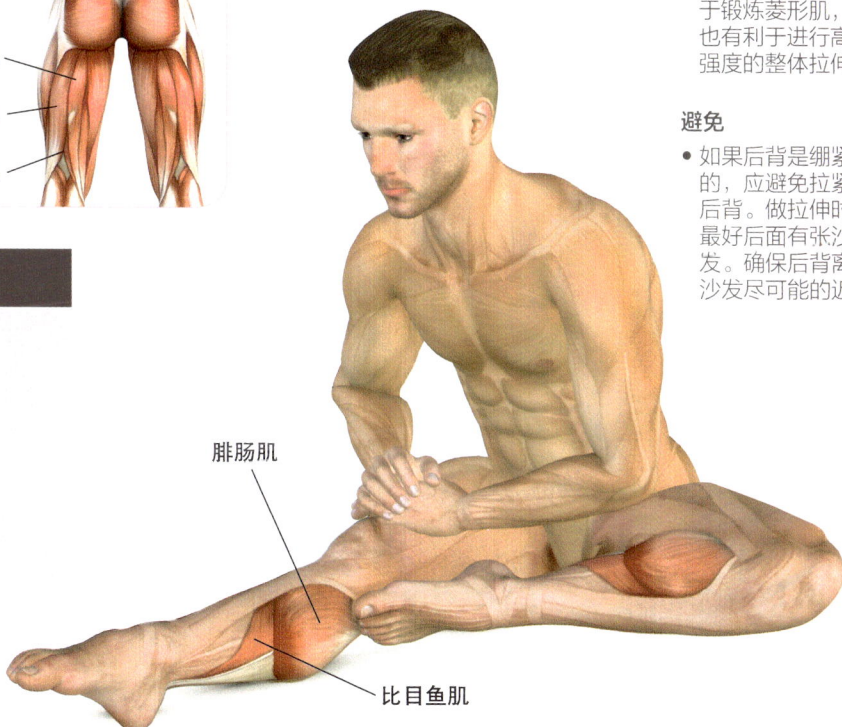

腓肠肌

比目鱼肌

双腿坐式前屈

❶ 尽可能笔直地坐在地板上，两腿
并行朝前伸直，两脚放松并轻微
弯曲。

❷ 拉伸时，身体前倾，腹部贴在大
腿上，前臂放在膝盖上。

❸ 身体慢慢恢复至开始姿势，如果
需要的话重复以上动作。

锻炼目标
- 腘绳肌

正确做法
- 拉伸时，弯曲臀
  部，保持脊椎
  笔直
- 躯干尽可能贴着
  双腿向前伸展

避免
- 屏住呼吸

变化练习
难度加大： 为进一步拉伸
腘绳肌，将弹性带绕过
脚前掌，用双手向上拉
带子。

最佳锻炼部位

- 股二头肌
- 半腱肌
- 半膜肌
- 多裂肌
- 竖脊肌
- 腓肠肌
- 比目鱼肌
- 菱形肌

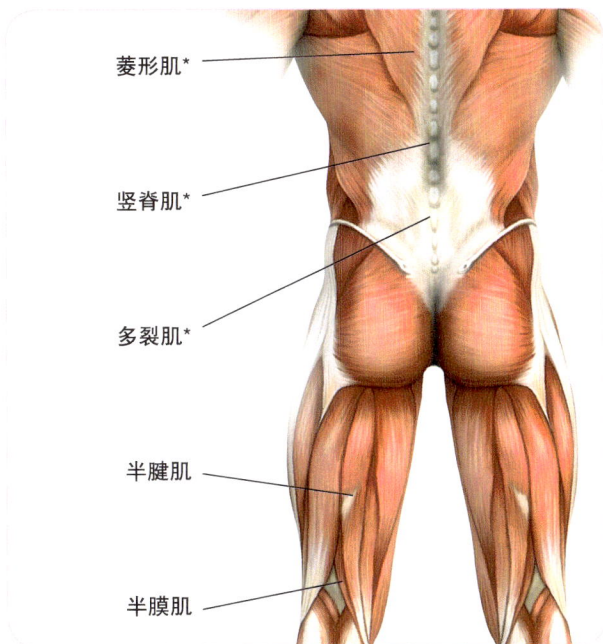

菱形肌*

竖脊肌*

多裂肌*

半腱肌

半膜肌

专家建议

当拉伸时，不要绷紧下巴或咬紧牙齿。放松嘴巴有助于均匀呼吸。

解析关键

黑色字体代表目标肌肉
*代表深层肌肉

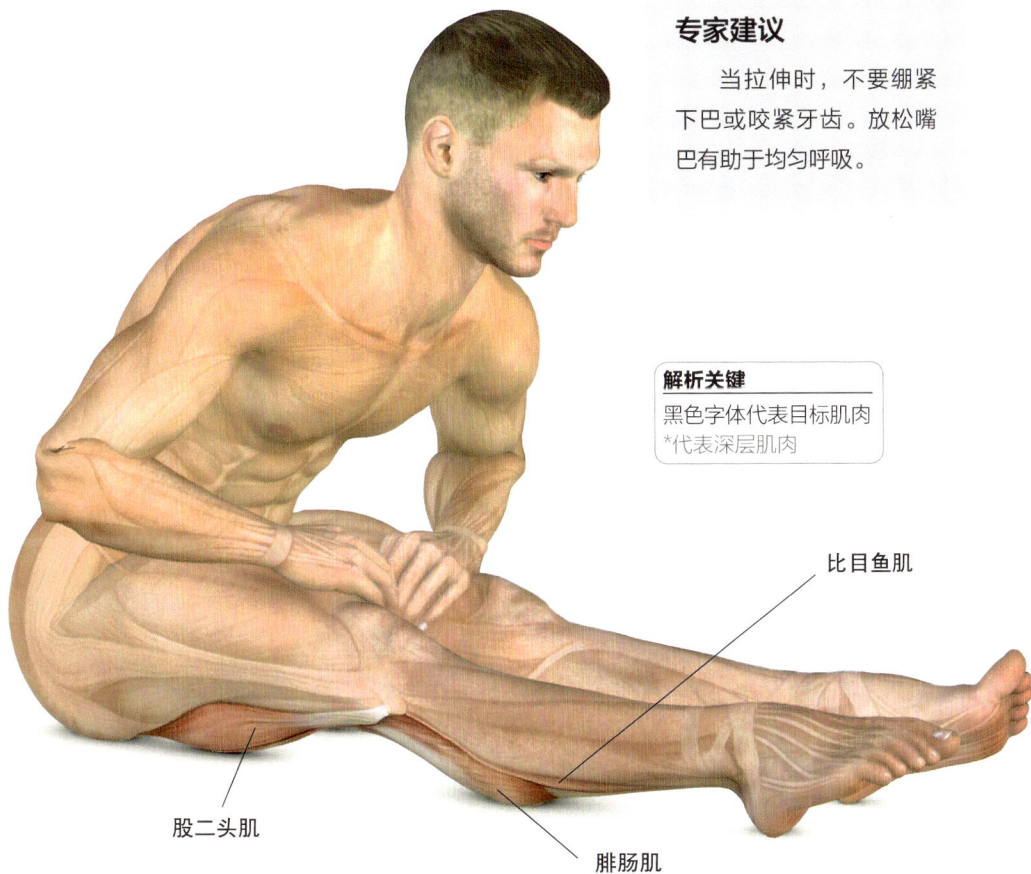

比目鱼肌

股二头肌

腓肠肌

蝶式拉伸

坐位蝶式

1. 坐在地板上或垫子上，足底合并在一起。

2. 将前臂或肘部放在大腿内侧，用手抓住双脚或脚趾。

3. 朝身体核心方向内拉脚后跟。

锻炼目标
- 内收肌
- 腰椎区域
- 躯干伸肌

正确做法
- 胸部朝地板方向收拢时呼气。

避免
- 无精打采
- 屏住呼吸
- 摇摆、后倾、坐骨离地；相反，应感觉坐骨固定在地板上

专家建议
严格保持上身姿势：坐好，尽量使坐骨固定在地板上。

最佳锻炼部位
- 长收肌
- 大收肌
- 短收肌
- 股薄肌
- 耻骨肌
- 闭孔外肌
- 竖脊肌
- 腰方肌

折叠蝶式

① 从坐位蝶式动作中转变，将前臂和手肘放在内侧大腿上，用手抓住脚和脚趾。使脚后跟到身体核心保持舒服的距离。

② 向前收拢上半身，直至感觉腹股沟和内侧大腿上端在拉伸。

③ 身体慢慢恢复至开始姿势，如果需要的话重复以上动作。

解析关键
黑色字体代表目标肌肉
*代表深层肌肉

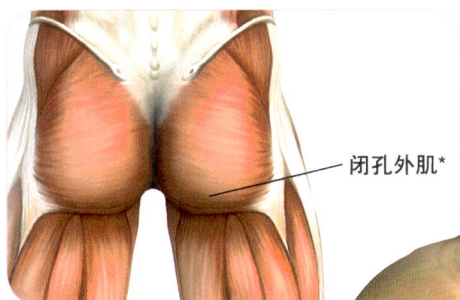

闭孔外肌*

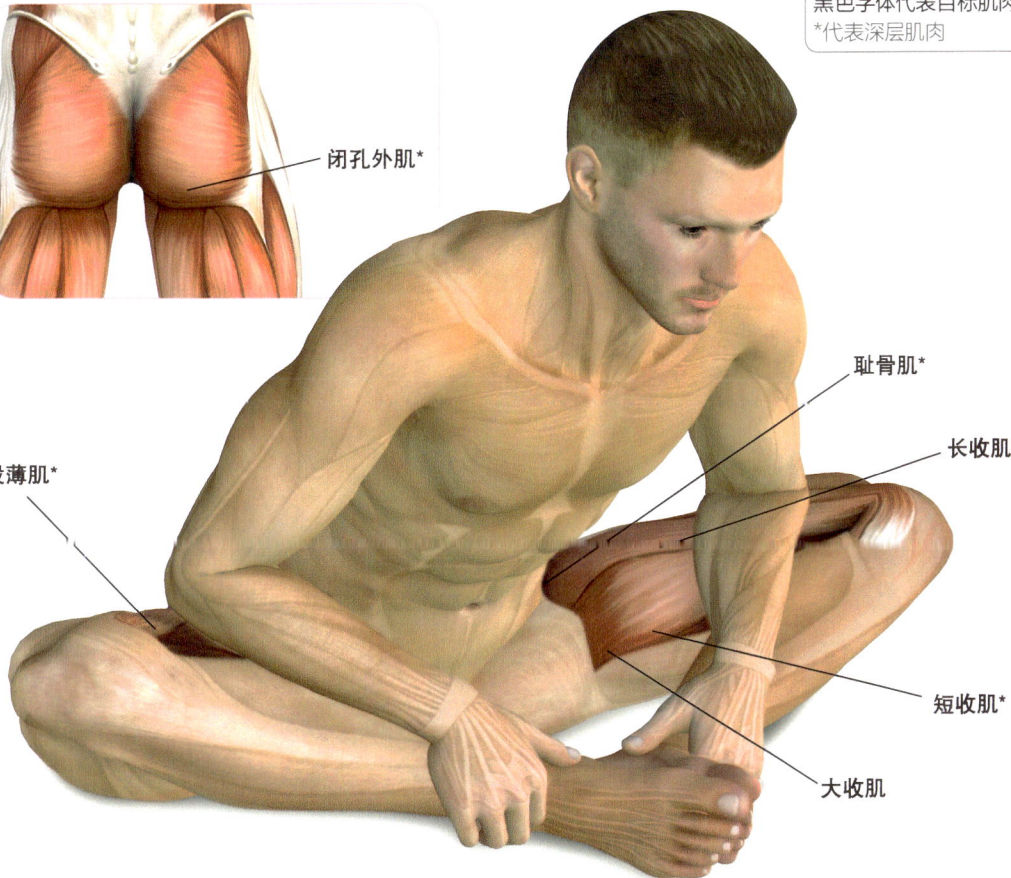

耻骨肌*

长收肌

股薄肌*

短收肌*

大收肌

31

勺菱形

1 坐在地板上，双腿并行朝前伸直。轻微弯曲膝部，保持脚后跟在地板上。

2 用手抓住腘绳肌下方。

3 保持下巴向下，上背弓起，就像正向地板方向倾斜一样。保持10～15秒。

4 身体慢慢恢复至开始姿势，如果需要的话重复以上动作。

锻炼目标
- 上背

正确做法
- 当上背弓起和后倾时呼气

避免
- 屏住呼吸

最佳锻炼部位
- 菱形肌

专家建议

　　这种拉伸将改善背部肌肉的灵活性并减轻张力。

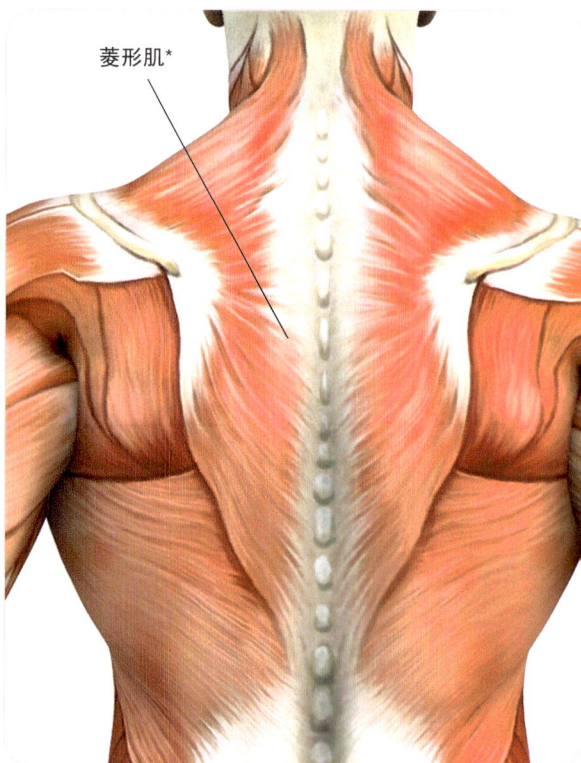

菱形肌*

解析关键
黑色字体代表目标肌肉
*代表深层肌肉

三角肌前束毛巾拉伸

❶ 坐在地板上，双腿并行朝前伸直，轻微弯曲双膝，脚后跟保持在地板上。手掌在背后紧握小毛巾。

❷ 轻轻沿着地板滑动臀部，直至感觉三角肌前束舒适拉伸。

锻炼目标

- 肩部

正确做法

- 当握紧毛巾时，保持双手在一起

避免

- 避免头部前倾，相反，保持头部与身体呈一条直线

专家建议

对经常进行肩部和手臂运动的人，如理发师和收银员等，这种拉伸可改善其灵活性。

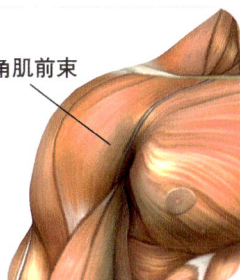

三角肌前束

解析关键

黑色字体代表目标肌肉
*代表深层肌肉

平躺弓形拉伸

❶ 平躺在地板上，双腿伸直，脚趾绷直。

❷ 拉伸时，手臂举过头放在地板上，肱二头肌与双耳齐平，手指绷直，拉长身体。

锻炼目标
- 腹部
- 肋间肌
- 中胸椎区域

正确做法
- 指尖到脚趾形成一条线

避免
- 避免过度弓起下背部

最佳锻炼部位
- 腹直肌
- 腹横肌
- 背阔肌
- 肋间内肌

解析关键
黑色字体代表目标肌肉
*代表深层肌肉

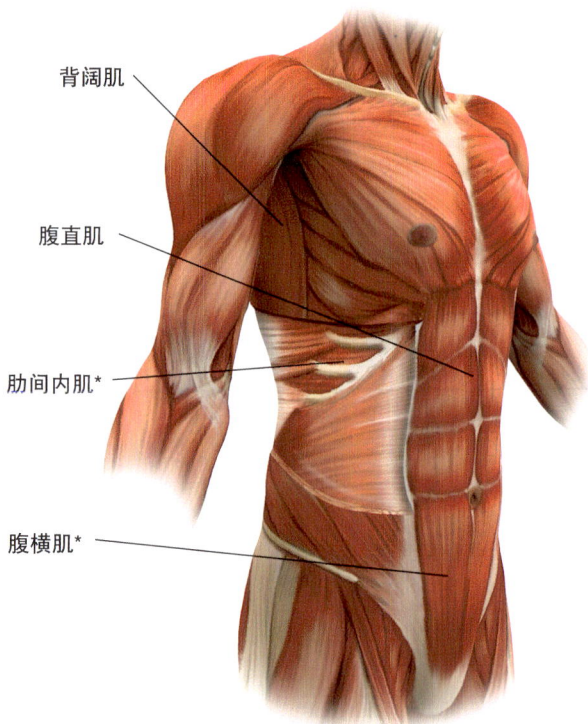

背阔肌

腹直肌

肋间内肌*

腹横肌*

平躺内缩肌拉伸

① 平躺在地板上，双腿伸直。从臀部起，双腿外翻，脚底合并在一起。

② 沿着地板朝身体方向拉脚，并始终保持足底合并在一起。

③ 把手放在内侧大腿上。

最佳锻炼部位

- 长收肌
- 大收肌
- 短收肌
- 股薄肌
- 耻骨肌
- 闭孔外肌

解析关键

黑色字体代表目标肌肉
*代表深层肌肉

锻炼目标

- 腹股沟肌肉

正确做法

- 为深化拉伸练习，使脚外侧一直接触地板，向上抬高脚后跟

避免

- 抬起下背部，使其远离地板
- 为深化拉伸，避免双腿打开

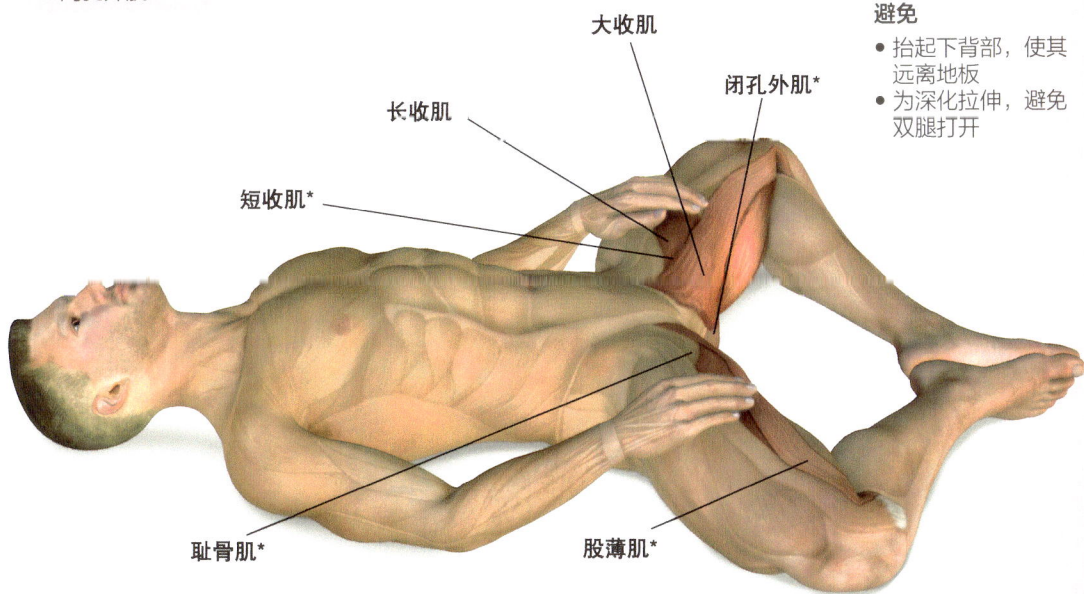

大收肌

闭孔外肌*

长收肌

短收肌*

耻骨肌*

股薄肌*

平躺椒盐卷饼拉伸

❶ 平躺，双腿伸直，手臂伸展与躯干垂直，手掌朝上。

❷ 弯曲右腿，脚底板放在地板上。

锻炼目标
- 回旋肌
- 臀肌区域
- 胸部

正确做法
- 保持手肘和手腕低于肩部，以保护肩袖

避免
- 抬起肩部；拉伸时应保持两个肩胛骨贴在地板上

❸ 抬起右侧臀部离开地板，躯干向左侧倾斜5～7厘米，右膝弯曲90度，右腿交叉至左腿侧。

④ 保持该姿势，然后恢复至步骤1，在另一侧重复以上动作。

最佳锻炼部位

- 下孖肌
- 上孖肌
- 臀中肌
- 臀小肌
- 梨状肌
- 闭孔外肌
- 闭孔内肌
- 胸大肌
- 胸小肌
- 股方肌
- 臀大肌

专家建议

在一条腿交叉至另一腿时，伸直腿侧脚趾绷紧，并确保身体从头部到该侧脚趾在一条直线上。

变化练习

难度加大： 当右腿交叉至左侧时，左手掌放至右股四头肌上，反之亦然。

解析关键

黑色字体代表目标肌肉
*代表深层肌肉

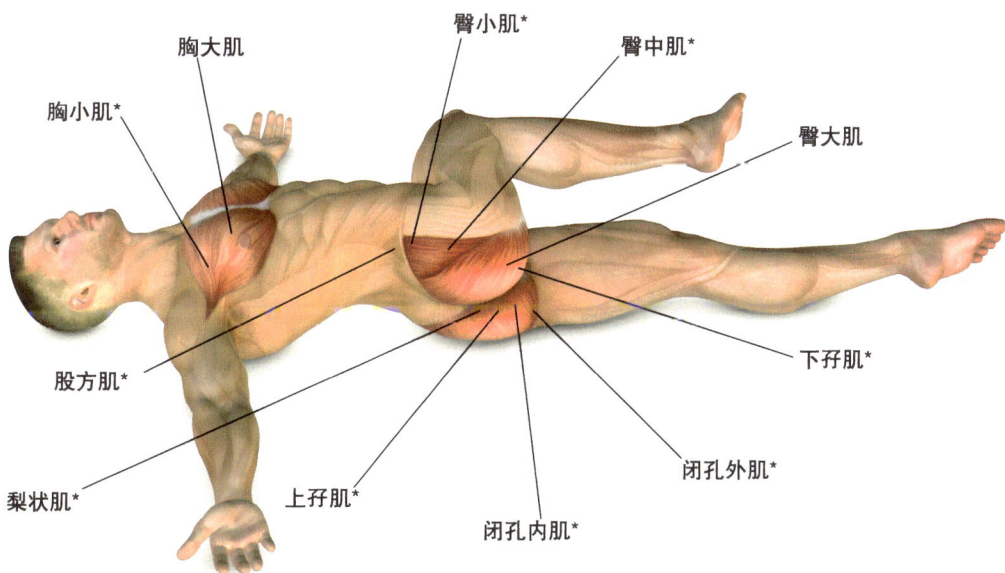

胸大肌

臀小肌*

臀中肌*

臀大肌

胸小肌*

股方肌*

下孖肌*

梨状肌*

上孖肌*

闭孔外肌*

闭孔内肌*

单腿拉伸

单侧膝—胸拉伸

❶ 平躺，朝胸部方向弯曲右膝。

❷ 拉伸时，双手放至右腿腘绳肌
处，将膝盖轻拉向胸部。

变化练习
难度加大： 在将膝盖拉向胸部前，将双手放
至与膝关节相连的胫骨端。

锻炼目标
- 下背
- 腹股沟区肌肉
- 臀肌区域
- 腘绳肌

正确做法
- 保持下背部贴在地
  板上，骨盆后倾半
  厘米，将有利于保
  持背部接地

避免
- 抬起头部或上背
- 屏住呼吸

专家建议

在单腿拉伸训
练后要进行内收肌
拉伸（第40、41
页），并且是在一
侧做完这两种拉伸
后再换向另一侧。

极限挑战： 将弯腿拉向胸部，小腿与躯干形
成直角，用双手将膝盖向胸部拉得更近，这
样可强化腘绳肌和髂腰肌的伸展。

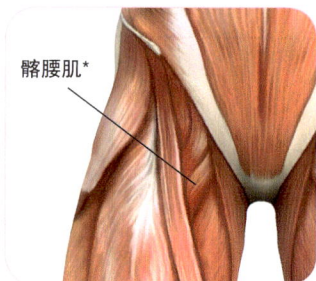

髂腰肌*

单侧抬腿

① 双手放至膝盖以下的腘绳肌处，右腿朝向天花板伸直。

② 绷紧双脚。

③ 改变手的姿势，右手放至右小腿肌肉处，左手仍然放在腘绳肌处，将大腿朝胸部方向轻拉，以强化拉伸。

④ 准备进行内收肌拉伸（第40、41页）。

变化练习

难度加大： 用毛巾或弹性带包住前脚掌，轻拉毛巾或弹性带的两端，以增加曲度，进而强化拉伸

最佳锻炼部位

- 竖脊肌
- 臀大肌
- 臀中肌
- 臀小肌
- 股二头肌
- 半腱肌
- 半膜肌
- 髂腰肌
- 腓肠肌
- 比目鱼肌

解析关键

黑色字体代表目标肌肉
*代表深层肌肉

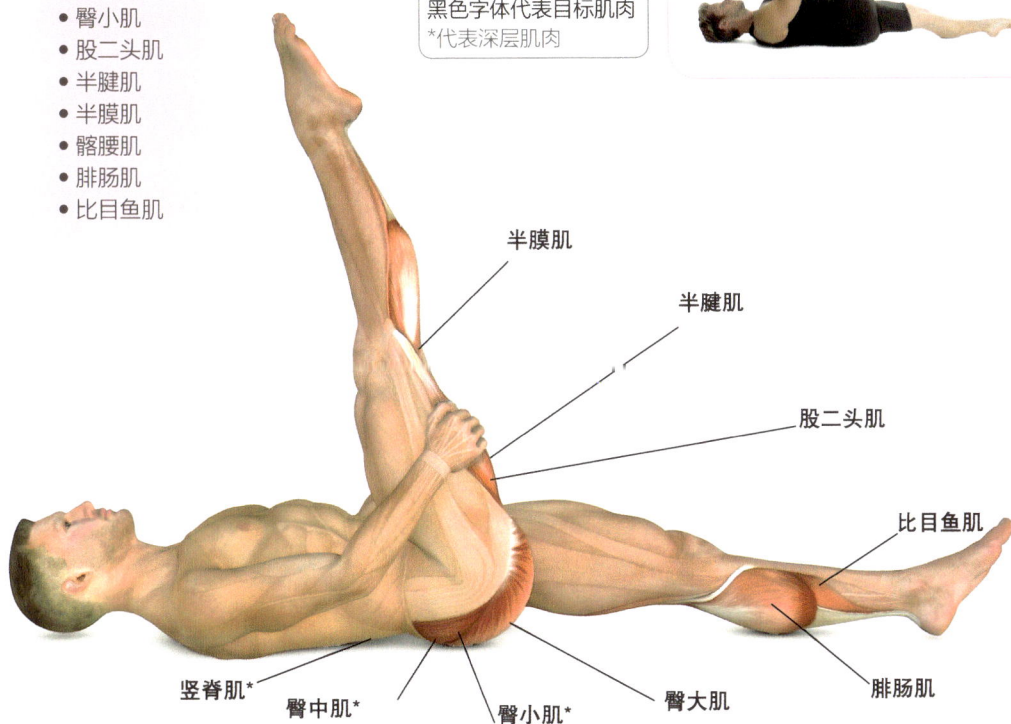

半膜肌

半腱肌

股二头肌

比目鱼肌

腓肠肌

臀大肌

臀小肌*

臀中肌*

竖脊肌*

内收肌拉伸

❶ 在单腿抬高训练（第39页）中腿抬高后，左手放开腘绳肌，将左臂放在地板上。

锻炼目标
- 内收肌

正确做法
- 为确保深度拉伸，弯曲伸直腿侧的脚部

避免
- 抬起下背部离开地板
- 屏住呼吸

解析关键

黑色字体代表目标肌肉
*代表深层肌肉

专家建议

在步骤2中，为保护肩袖，当手臂放到地板上时，要保持肘部和腕部稍微低于肩部。

最佳锻炼部位

- 长收肌
- 大收肌
- 短收肌
- 耻骨肌
- 股薄肌
- 闭孔外肌
- 股二头肌
- 半腱肌
- 半膜肌

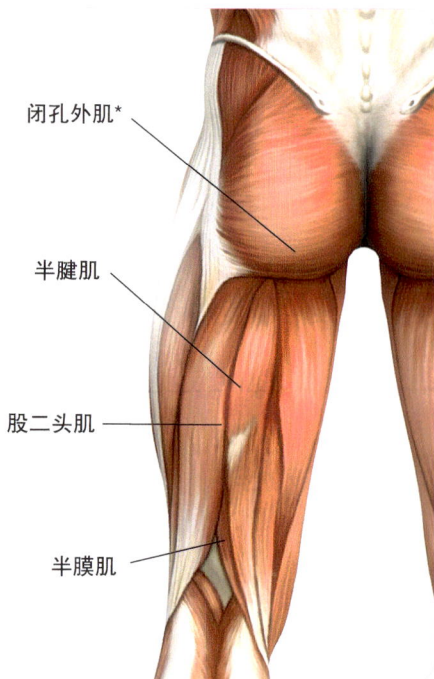

闭孔外肌*

半腱肌

股二头肌

半膜肌

❷ 右手始终抓住右小腿肌肉，将伸直的右腿拉向身体的右侧，绷紧脚。

❸ 放松，然后在另一侧重复单侧膝-胸拉伸、单腿抬高及内收肌拉伸。

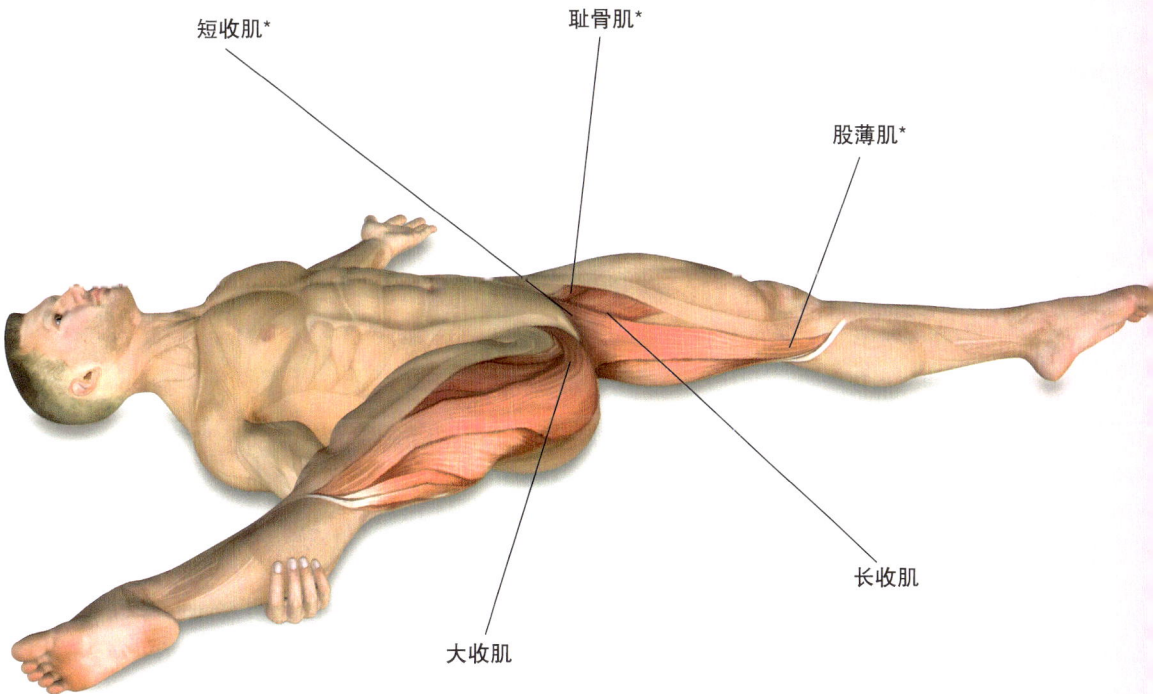

短收肌*

耻骨肌*

股薄肌*

长收肌

大收肌

4字形平躺

❶ 平躺，腿伸直。

锻炼目标
• 臀肌区域

正确做法
• 保持头部和肩胛骨不离地板

避免
• 扭转下半身，相反，应该保持臀部呈方形

❷ 绷紧脚趾，弯曲右膝，右踝放在左膝上方的大腿上，就形成4字形。

最佳锻炼部位

• 臀大肌
• 臀中肌
• 臀小肌
• 梨状肌

42

③ 弯曲左腿，双手抓住左侧大腿的背面，保持4字形，将左腿拉向胸部。

④ 将右手肘抵住右大腿内侧，稍微用力往外撑右腿，以加强拉伸强度。

⑤ 恢复至开始姿势，换另一侧腿重复以上动作。

解析关键

黑色字体代表目标肌肉
*代表深层肌肉

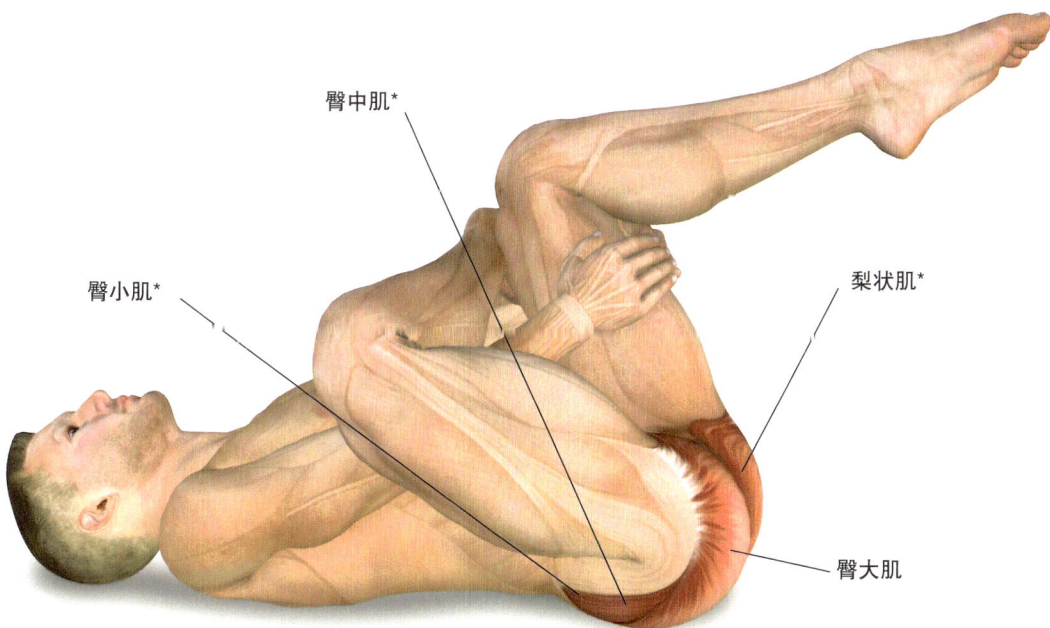

臀中肌*

臀小肌*

梨状肌*

臀大肌

单腿拉伸

拉伸训练

❶ 平躺，手臂摆在身体两侧伸直。

❷ 弯曲膝盖，两脚分开，与肩同宽。

锻炼目标
- 髋部旋转肌

正确做法
- 保持腹部收紧，双手贴在地板上以支撑下背部

避免
- 避免抬起下背部和臀部

❸ 保持身体其他部位不动，向内旋转右髋，带动膝盖朝向地板方向。

专家建议

  这种拉伸不要大幅度地移动：拉伸时向内旋转髋关节约5~12厘米。

④ 缓慢恢复至开始姿势，另一侧腿重复以上动作。

最佳锻炼部位

- 臀中肌
- 臀小肌
- 阔筋膜张肌

解析关键

黑色字体代表目标肌肉
*代表深层肌肉

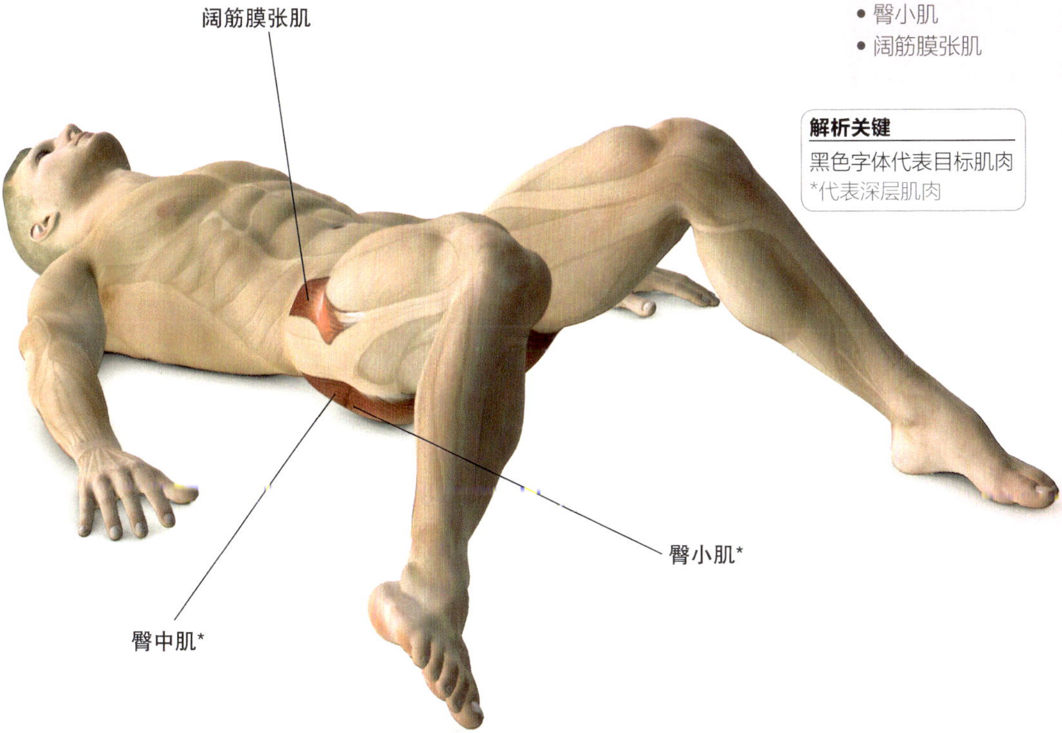

阔筋膜张肌

臀小肌*

臀中肌*

快乐婴儿式拉伸

① 平躺。

② 朝胸部方向弯曲双膝，双手握住脚的外侧。

锻炼目标

- 臀肌区域
- 腘绳肌
- 下背部

正确做法

- 保持肘部轻微弯曲。
- 将肩部拉向地板方向。
- 向前收拢骨盆约半厘米，腹部向内收缩，保持下背部固定。

避免

- 避免抬起头部或肩胛骨，使其离开地板

最佳锻炼部位

- 臀大肌
- 臀中肌
- 臀小肌
- 梨状肌
- 股二头肌
- 半腱肌
- 半膜肌
- 竖脊肌
- 多裂肌

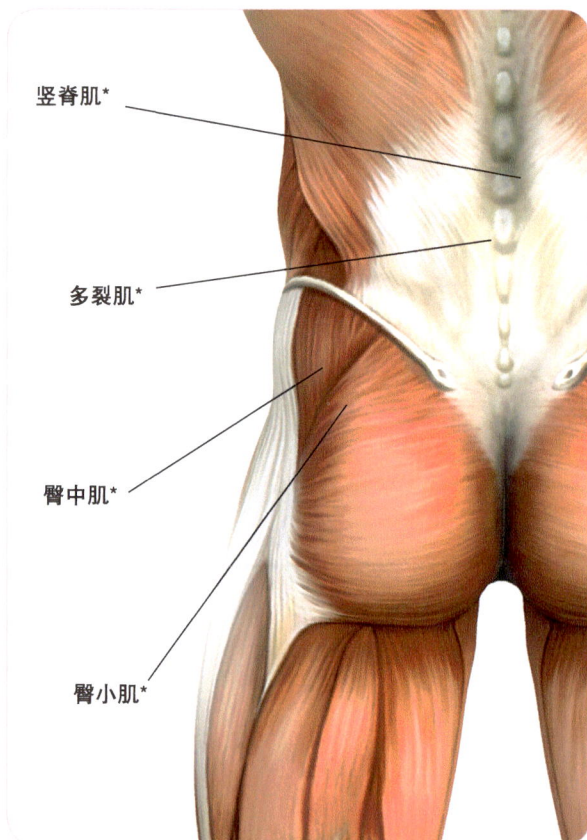

竖脊肌*

多裂肌*

臀中肌*

臀小肌*

③ 打开双腿时，膝盖朝
向地板。

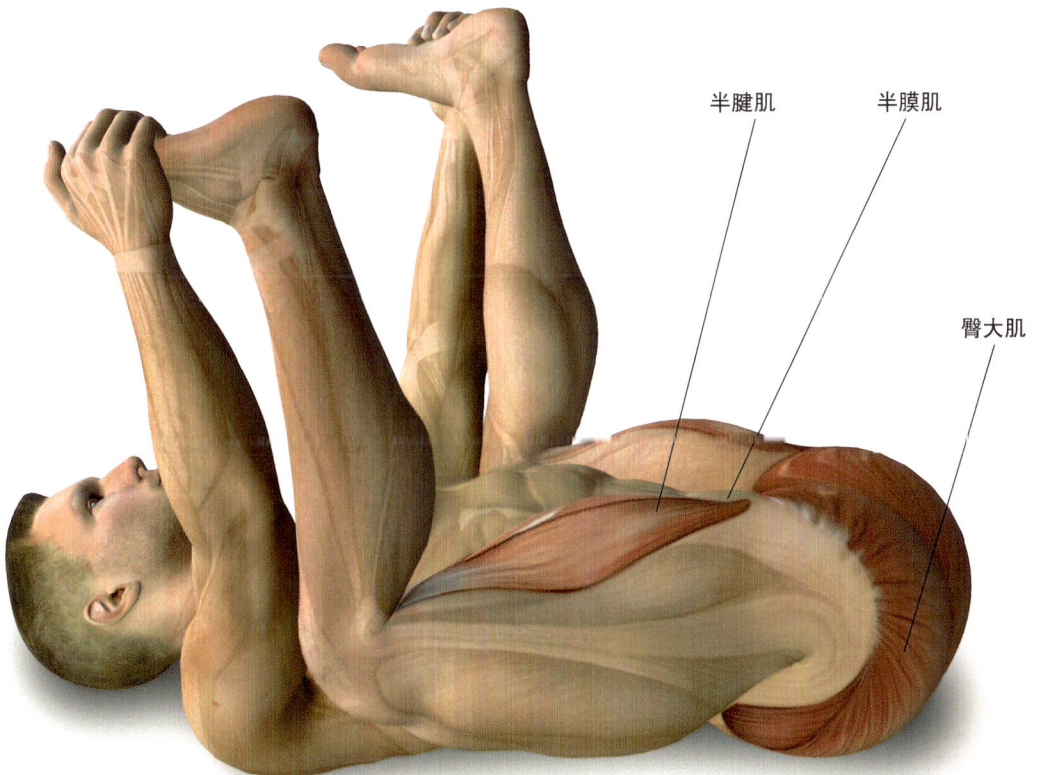

半腱肌

半膜肌

臀大肌

侧卧式肋骨拉伸

❶ 右侧卧，两腿并拢伸直，两手手掌放在地板上，右臂撑起身体，左臂放在身体前方。上身稍微抬起。

锻炼目标
- 胸腔
- 腹斜肌
- 外侧大腿
- 下背部

正确做法
- 将身体重量转移至臀部
- 如果直接贴在地板上感觉不舒服，可在臀部底下垫一条毛巾

避免
- 避免收紧下巴，这会导致颈部收紧

❷ 弯曲左腿，将左脚放在右大腿的前方，左膝指向天花板方向。

❸ 保持双腿姿势，当向上抬起身体时双手下压，伸直前臂，此时感觉右侧胸腔肌肉拉伸。

❹ 放松，换向另一侧重复以上动作。

最佳锻炼部位

- 腹外斜肌
- 腹内斜肌
- 阔筋膜张肌
- 多裂肌
- 竖脊肌

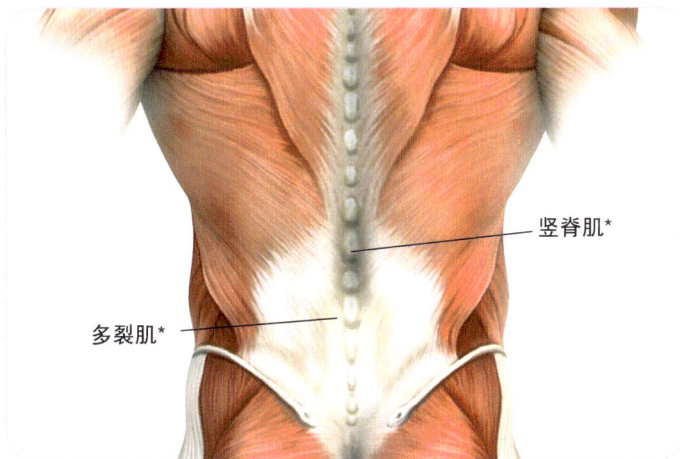

竖脊肌*

多裂肌*

解析关键

黑色字体代表目标肌肉
*代表深层肌肉

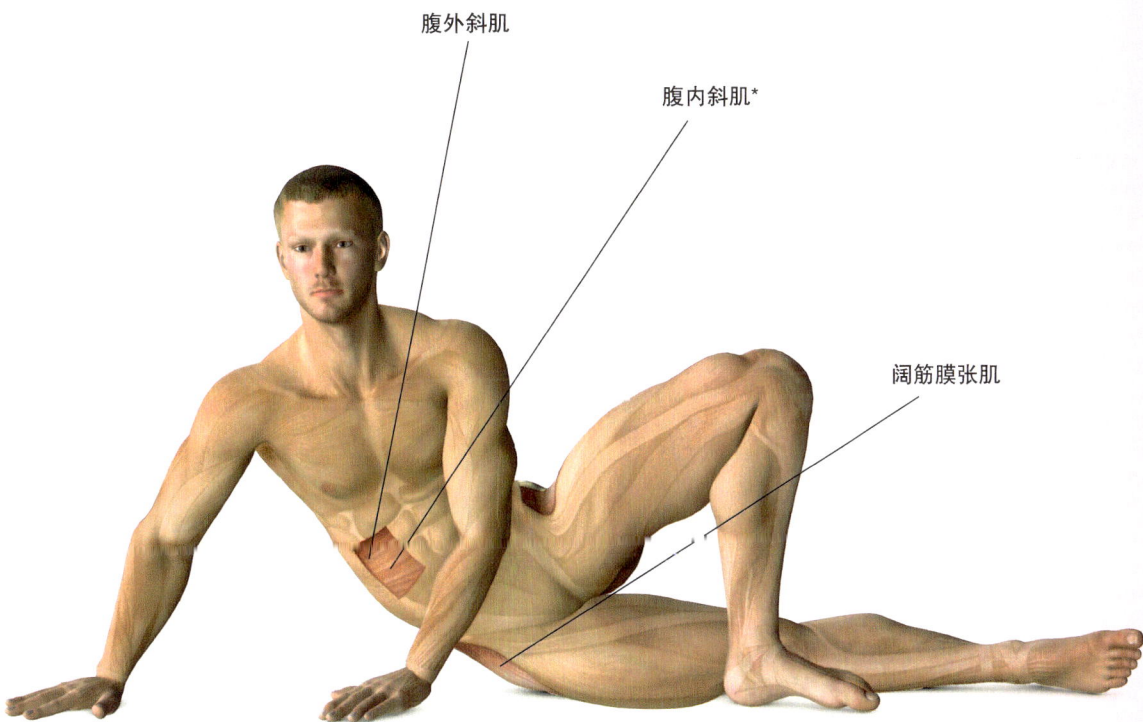

腹外斜肌

腹内斜肌*

阔筋膜张肌

侧卧式屈膝

拉伸训练

❶ 左侧卧，双腿并拢伸直，与身体成一条直线。向头部上方伸直左臂，将头部枕在左上臂上。

锻炼目标
- 股四头肌

正确做法
- 保持两膝并拢，一侧膝盖在另一侧的上方
- 稍微向前收拢骨盆，提起胸腔以收缩和拉伸身体重心
- 保持脚绷直，与腿相平行

避免
- 避免后仰致使脚靠在臀部肌肉上

❷ 弯曲右膝，右手抓住右踝。

❸ 将右踝拉向臀部。

❹ 恢复至开始姿势，在另一侧重复以上动作。

50

专家建议

　　如果直接贴在地板上感觉不舒服，可在臀部底下垫一条毛巾。

最佳锻炼部位

- 股直肌
- 股中间肌
- 股外侧肌
- 股内侧肌

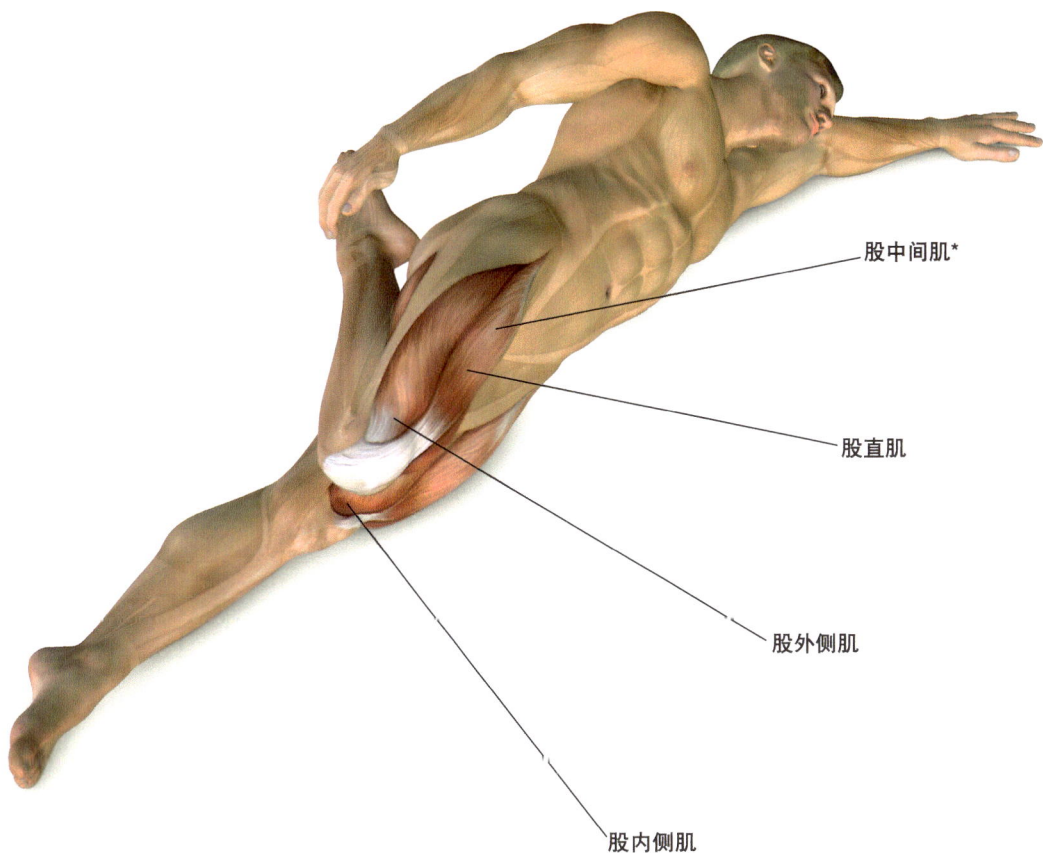

股中间肌*

股直肌

股外侧肌

股内侧肌

解析关键

黑色字体代表目标肌肉

*代表深层肌肉

眼镜蛇式拉伸

① 面朝地板趴下，双腿伸直，脚趾绷紧，手掌举过肩贴在地板上，肘部也放在地板上。

锻炼目标
- 腹肌

正确做法
- 保持地板和髋关节之间的压力
- 放松肩部，保持肩部向下并远离耳部

避免
- 头部过度后仰
- 过度做这种类型的拉伸，可能导致下背部过度疲劳

② 双手向下推，伸直手臂，缓慢抬起胸腔上部。

③ 来回推动肩部时，朝耻骨方向下拉尾骨。

④ 伸长颈部，注视前方。

最佳锻炼部位

- 腹直肌
- 腹横肌
- 腹外斜肌
- 腹内斜肌

专家建议

感觉胸部在向前和向上移动,这能降低拉伤下背部的风险。

变化练习
降低难度: 遵循步骤1和步骤2,但仅靠前臂抬起胸部

解析关键

黑色字体代表目标肌肉
*代表深层肌肉

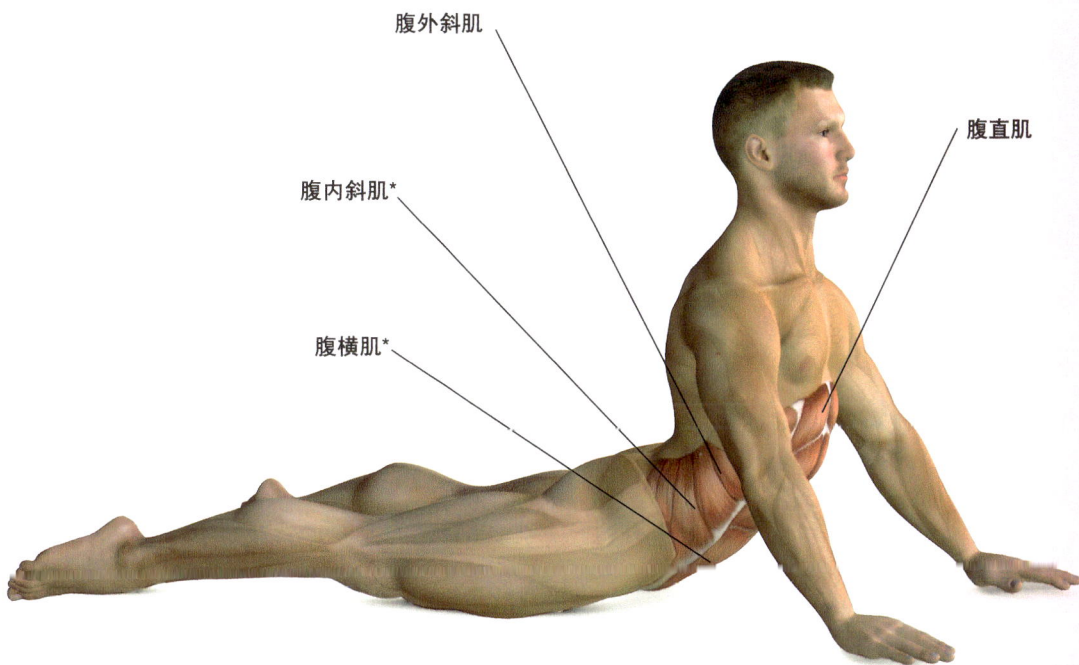

腹外斜肌

腹直肌

腹内斜肌*

腹横肌*

背部拉伸

婴儿式拉伸

1. 承接于眼镜蛇式拉伸（第52、53页），双腿向后伸直，手掌和手肘贴在地板上。

2. 弯曲双膝，伸直手臂，向下按地板撑起身体，坐在脚后跟上。

3. 上半身贴在大腿上，向前伸直手臂，手掌和前额贴在地板上。

锻炼目标
- 背部
- 股四头肌

正确做法
- 做婴儿式拉伸时，前额贴在毛巾或垫子上

避免
- 拉紧颈部和肩部
- 过度伸展下背部或手臂
- 屏住呼吸

专家建议

婴儿式拉伸是一种放松式的拉伸，可用于缓解由压力引起的肌肉紧张。

最佳锻炼部位

- 股直肌
- 股外侧肌
- 股中间肌
- 股内侧肌
- 多裂肌
- 竖脊肌
- 菱形肌
- 斜方肌

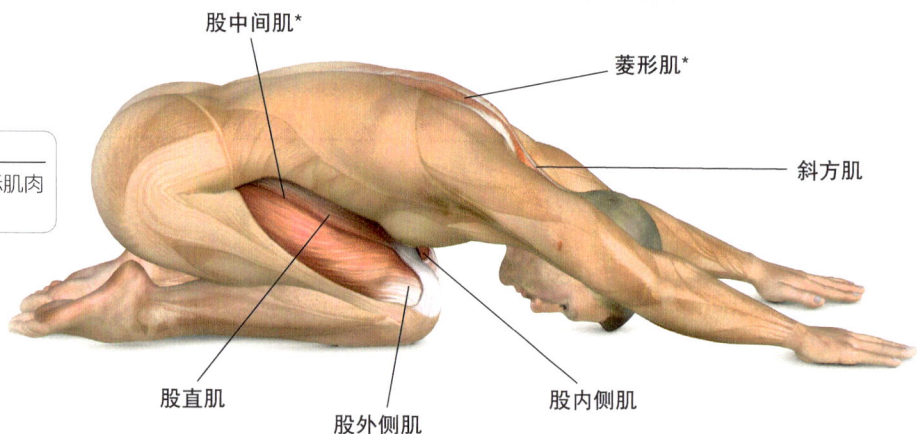

解析关键
黑色字体代表目标肌肉
*代表深层肌肉

股中间肌*

菱形肌*

斜方肌

股直肌

股外侧肌

股内侧肌

跪式背阔肌拉伸

❶ 承接于婴儿式拉伸，臀部在膝盖上方，上半身前倾，手臂伸向前方，手掌向下，前额贴在地板上。

❷ 弯曲左臂，使其与上半身垂直，保持手掌贴在地板上。

❸ 恢复至开始姿势

最佳锻炼部位

• 背阔肌

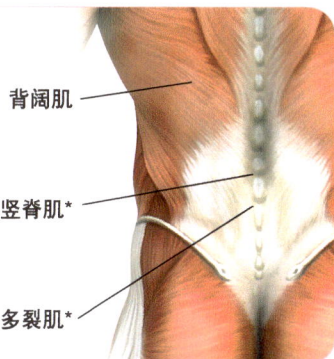

背阔肌

竖脊肌*

多裂肌*

解析关键
黑色字体代表目标肌肉
*代表深层肌肉

专家建议

　　猫式拉伸时，手和膝盖向下推，以达到最大的收缩。

最佳锻炼部位

• 竖脊肌

猫式拉伸

❶ 开始于跪式背阔肌拉伸，依靠四肢撑起身体，双手之间与肩同宽，两膝间距5~7厘米。

❷ 朝脊骨方向内吸肚脐，向上弓起脊骨。保持髋关节提起和肩部稳定。

❸ 保持几秒，然后放松。

鸽子式拉伸

❶ 臀部轻轻坐在后脚跟上，手臂摆在两侧撑起自身重量。

专家建议

对于更高级的拉伸动作，躯体前倾，直至头部贴在交叉的前臂上。

最佳锻炼部位

- 长收肌
- 大收肌
- 短收肌
- 股薄肌
- 耻骨肌
- 闭孔外肌
- 股直肌
- 股外侧肌
- 髂腰肌
- 股中间肌
- 股内侧肌
- 股二头肌
- 半腱肌
- 半膜肌
- 臀大肌
- 臀中肌
- 臀小肌

锻炼目标
- 臀肌区域
- 腹股沟区
- 腘绳肌
- 股四头肌

正确做法
- 肘部保持稍微弯曲
- 主要依靠弯曲的腿

避免
- 过度伸展肘部

❷ 将左腿沿着地板向后伸，保持两腿平行，与身体呈一条直线，右膝朝前。

❸ 手臂前移至右膝稍前方，两手间距与肩同宽，手掌撑在地板上。

④ 保持身体其他部位成一条直线，将右脚跟向左移动十几厘米，使其穿过身体重心。

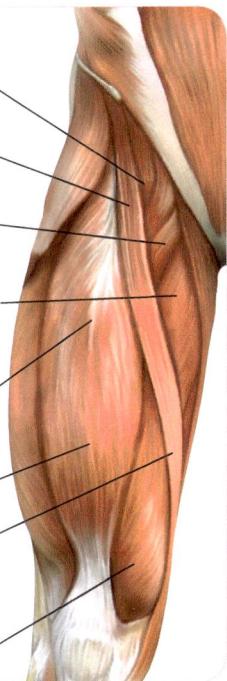

髂腰肌*

耻骨肌*

短收肌*

长收肌

股中间肌*

股直肌

股薄肌*

股内侧肌

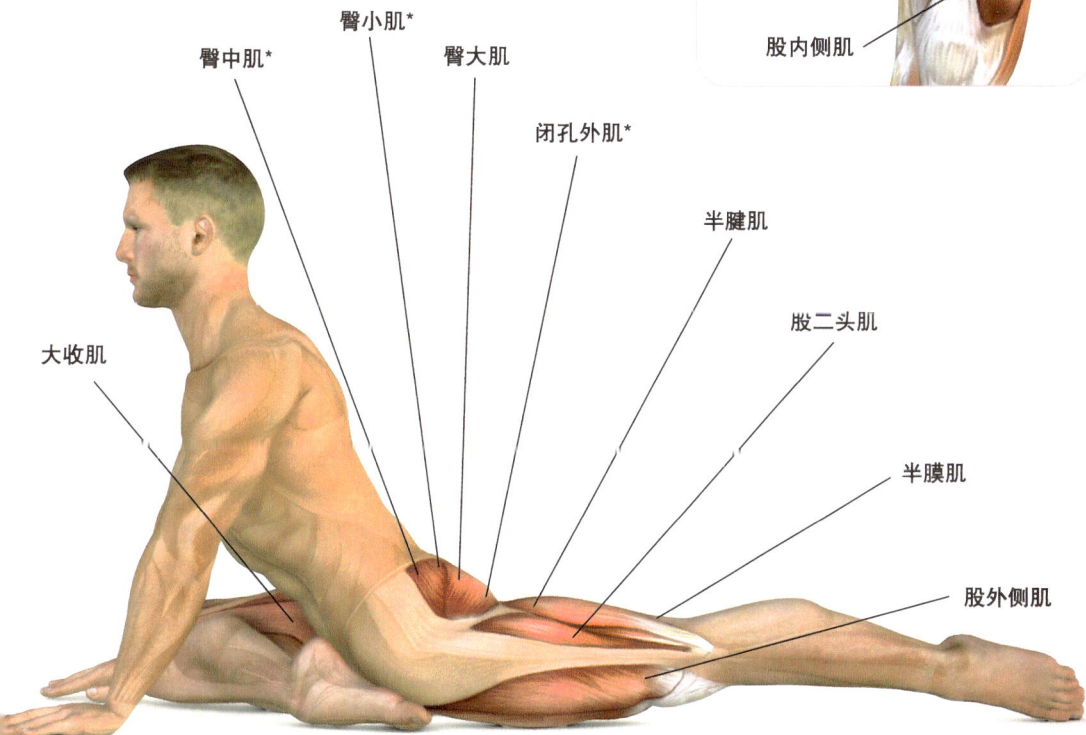

臀中肌*

臀小肌*

臀大肌

闭孔外肌*

半腱肌

股二头肌

半膜肌

大收肌

股外侧肌

胫部拉伸

❶ 臀部坐在脚后跟上。

最佳锻炼部位

- 腓肠肌
- 比目鱼肌
- 股直肌
- 股外侧肌
- 股中间肌
- 股内侧肌

锻炼目标

- 小腿
- 股四头肌

正确做法

- 收紧臀肌，避免腰椎弯曲。脚后跟与臀部之间应该有空隙

避免

- 弓起后背

❷ 双手置于身后并放在地板上，手指指向前方。手肘部轻微弯曲。

❸ 稍微后倾，以增加拉伸强度。

解析关键
黑色字体代表目标肌肉
*代表深层肌肉

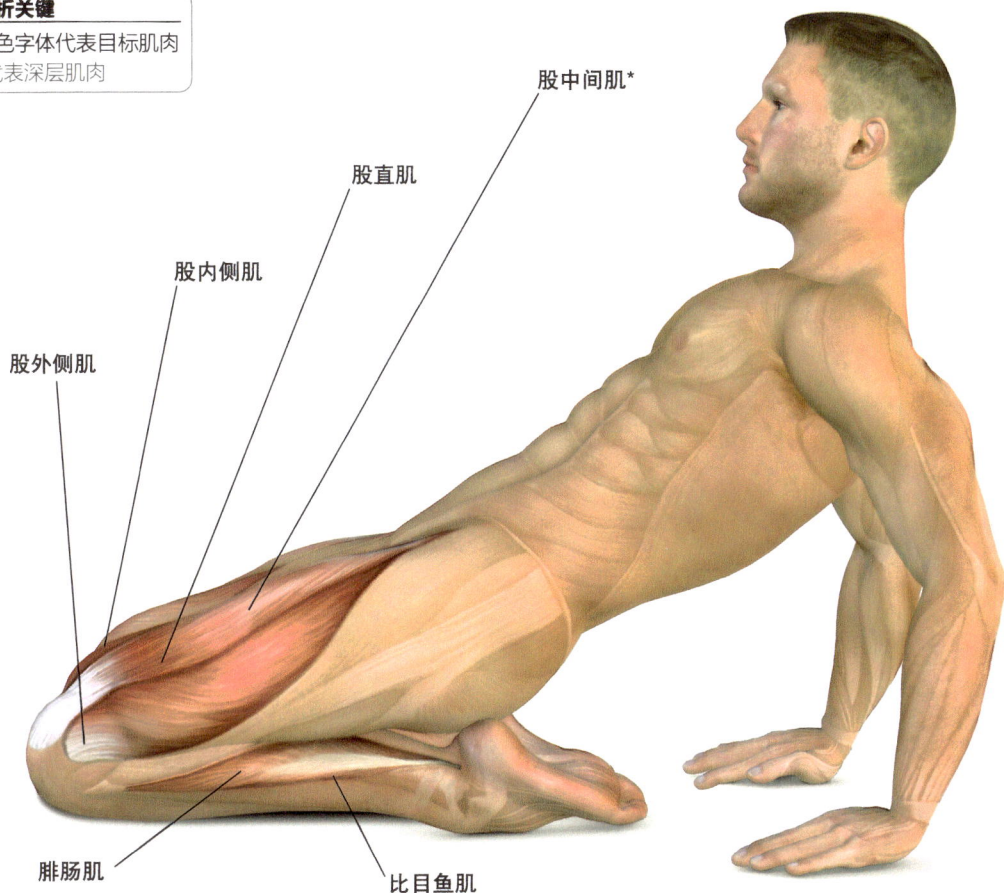

股中间肌*

股直肌

股内侧肌

股外侧肌

腓肠肌

比目鱼肌

变化练习

难度加大：小心弯曲肘部，直至肘部贴在地板上。如果需要做高难度的拉伸，肩胛骨要抵住地板上，手臂在小腿旁边伸直。

青蛙叉开式

❶ 四肢着地，呈下跪式。

❷ 弯曲肘部，将身体重量前移至肘部和前臂。

锻炼目标
- 大腿内侧
- 髋部内收肌

正确做法
- 拉伸，直至感觉具有一定的拉伸强度但又不会觉得疼痛

避免
- 把太多身体重量放在膝盖上
- 允许下背部下沉

❸ 分开两膝，稍微内收双脚，将部分身体重量放在双脚上，以去除对膝盖的压力。

❹ 放低两腿和臀部，将两脚底板并拢，以深化拉伸。

青蛙叉开式·拉伸训练

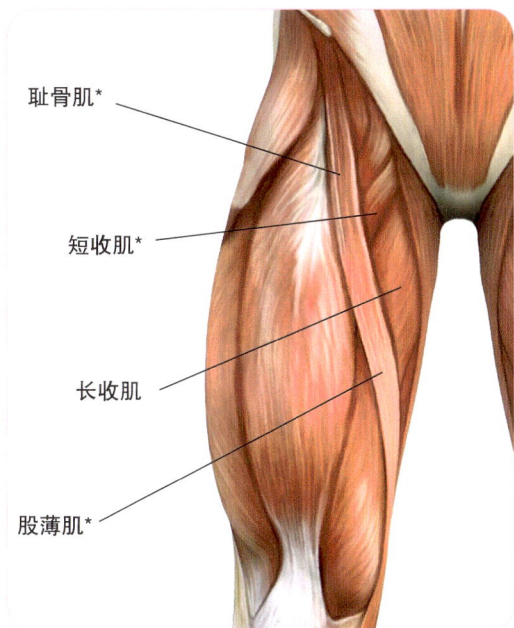

耻骨肌*

短收肌*

长收肌

股薄肌*

变化练习
难度加大：向前移动前臂，把重量放在前臂上。拉伸时，尽量保持髋关节和脚后跟在地板上

解析关键

黑色字体代表目标肌肉
*代表深层肌肉

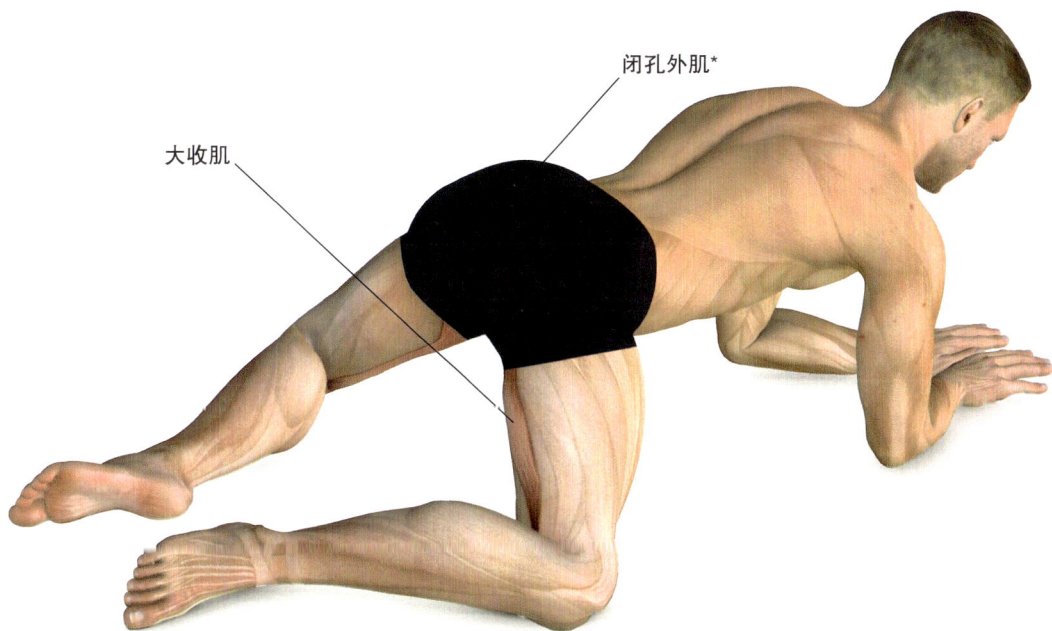

闭孔外肌*

大收肌

最佳锻炼部位

- 长收肌
- 大收肌
- 短收肌
- 股薄肌
- 耻骨肌
- 闭孔外肌

61

半跨越式拉伸

半跨越式

1. 坐直，双腿放在前方，膝盖弯曲。

2. 保持右膝弯曲，使膝盖外翻贴在地板上。

3. 向身体一侧伸直左腿。

4. 拉伸时把手臂放在身后，以撑起下背部。

锻炼目标

- 腘绳肌
- 股四头肌
- 大腿内侧
- 小腿
- 腹斜肌

正确做法

- 倚靠沙发以保持自己平稳，同时保持坐骨贴在地板上
- 在侧向倾斜时，伸长上半身使其贴到大腿下半部分和膝盖

避免

- 抬起臀部离开地板

解析关键

黑色字体代表目标肌肉
*代表深层肌肉

专家建议

在一侧完成两种半跨越式拉伸后再换至另一侧进行练习。

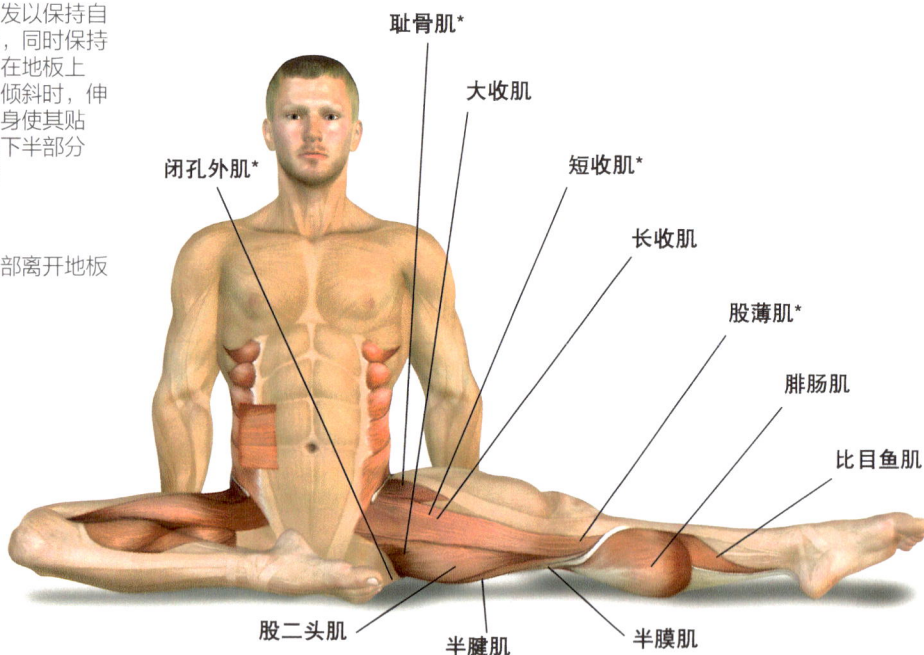

耻骨肌*

大收肌

短收肌*

闭孔外肌*

长收肌

股薄肌*

腓肠肌

比目鱼肌

股二头肌

半腱肌

半膜肌

解析关键

黑色字体代表目标肌肉

*代表深层肌肉

腹外斜肌

腹内斜肌*

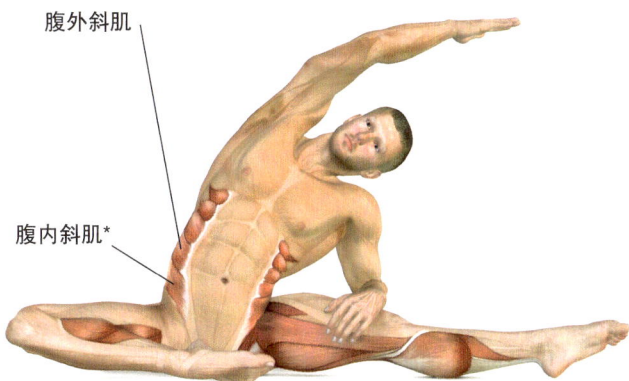

最佳锻炼部位

- 股二头肌
- 半腱肌
- 半膜肌
- 腓肠肌
- 比目鱼肌
- 长收肌
- 大收肌
- 短收肌
- 股薄肌
- 耻骨肌
- 闭孔外肌
- 腹外斜肌
- 腹内斜肌

专家建议

在一侧完成两种半跨越式拉伸后再换至另一侧进行练习。

侧倾半跨越式

① 开始于半跨越式拉伸：坐直，一条
  腿弯曲
  放在
  地板上，
  另一条腿伸向另一侧。
  弯曲肘部，将前臂放在大腿上。

② 抬起手臂，跨过头部，于掌
  向内。

③ 身体缓慢侧倾，拉伸一侧髋关
  节，直至感觉到适当的拉伸
  为止。

④ 恢复至身体坐直，在另一侧进行半
  跨越式拉伸和侧向倾斜半跨越式
  拉伸。

变化练习

难度加大：将手肘和前臂放至大腿内侧前方的地板上。

双腿劈叉

❶ 坐直，双腿伸直，在舒适情况下以最大角度分开。脚稍微弯曲，以至于脚趾可绷直朝上。

❷ 一只手放在身体前方的地板上，另一只手放在身后。两个坐骨均贴在地上。

❸ 交换双手，重复以上动作。

锻炼目标
- 髋部内收肌
- 腘绳肌

正确做法
- 坐直，上半身尽可能笔直

避免
- 拉伸时后倾
- 弓起下背部
- 过度劈开双腿，最好是感觉到拉伸又不觉得疼痛

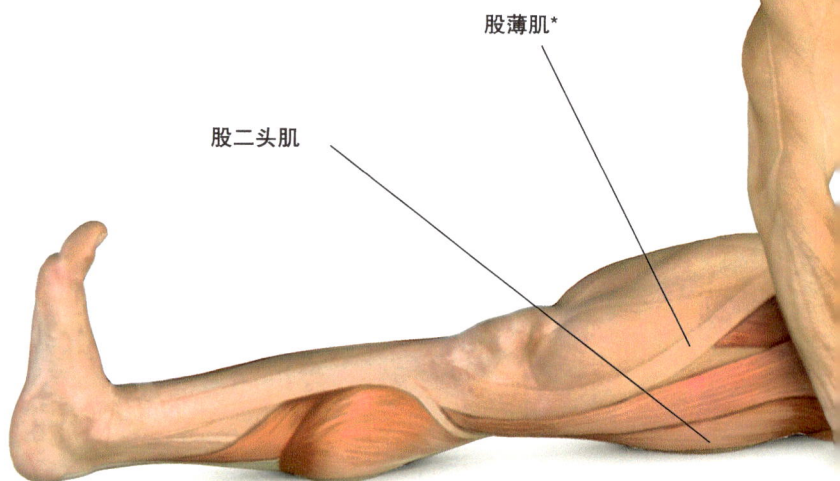

股薄肌*

股二头肌

专家建议

　　为了去除后背腰椎区的压力，可以靠着沙发或其他稳定的物体坐直。

最佳锻炼部位

- 股二头肌
- 半腱肌
- 半膜肌
- 长收肌
- 大收肌
- 短收肌
- 股薄肌
- 耻骨肌
- 闭孔外肌

变化练习

难度加大： 双手下压，微微向上抬起身体。小心向前移动骨盆，可增加拉伸。然后将自己放回地板上，脚趾绷直。重复三次，每次保持20～30秒。

解析关键

黑色字体代表目标肌肉
*代表深层肌肉

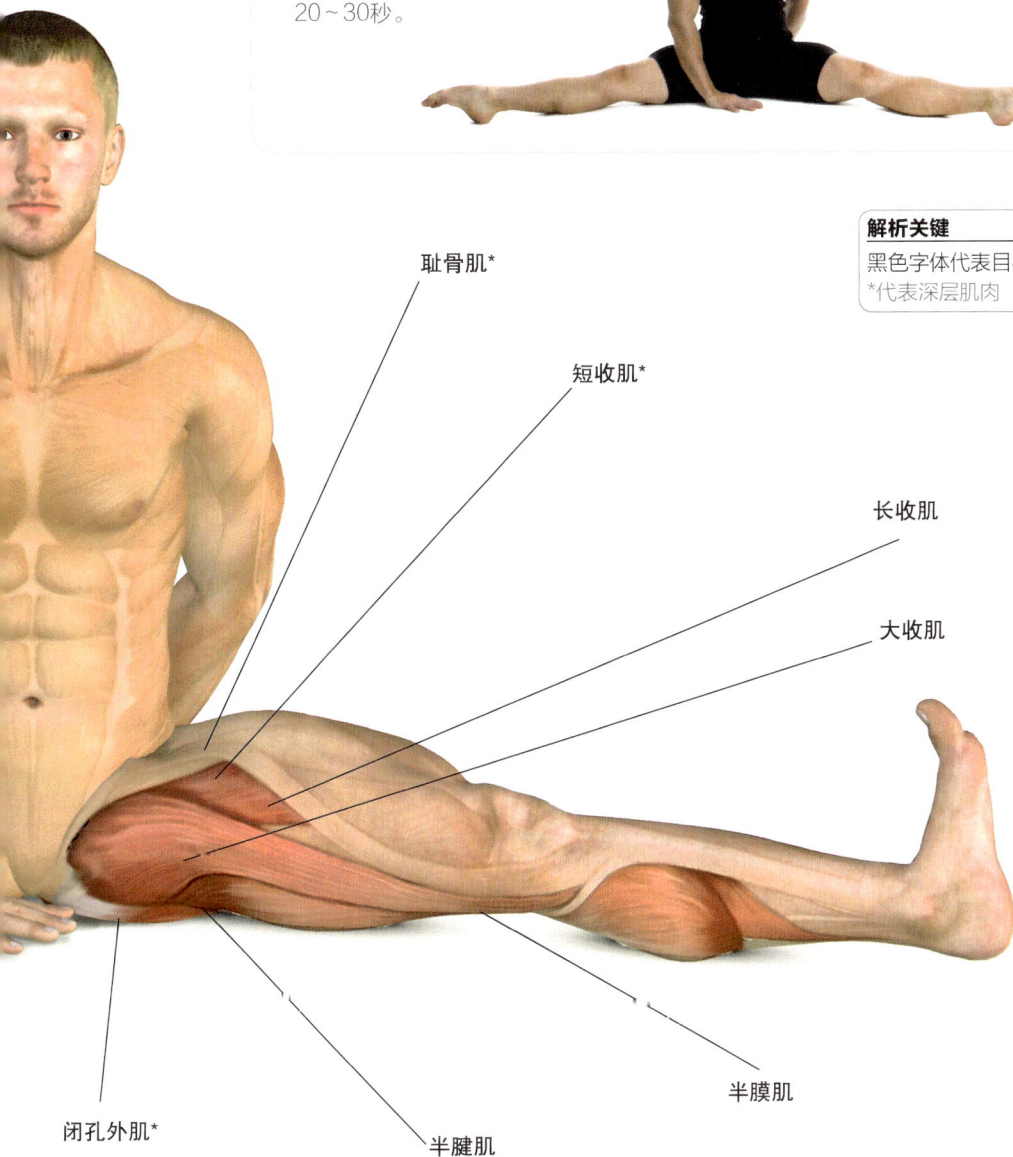

耻骨肌*

短收肌*

长收肌

大收肌

闭孔外肌*

半腱肌

半膜肌

胸靠近一侧大腿劈叉

❶ 开始于双腿劈叉（见第64页），坐直，双腿伸直，在舒适情况下以最大角度分开。脚稍微弯曲，以至于脚趾可绷直朝上。

锻炼目标
- 大腿内侧
- 腘绳肌
- 臀肌区域
- 胸腔
- 髋部内收肌

正确做法
- 保持两腿外展及脚趾绷直朝上

避免
- 抬起坐骨离开地板
- 允许两腿向内转移

❷ 扭身，将躯干向右大腿方向倾斜。

❸ 双手放在右腿两侧的地板上，胸部去贴右大腿。

❹ 恢复至步骤1，在另一侧重复以上动作。

胸靠近一侧大腿劈叉·拉伸训练

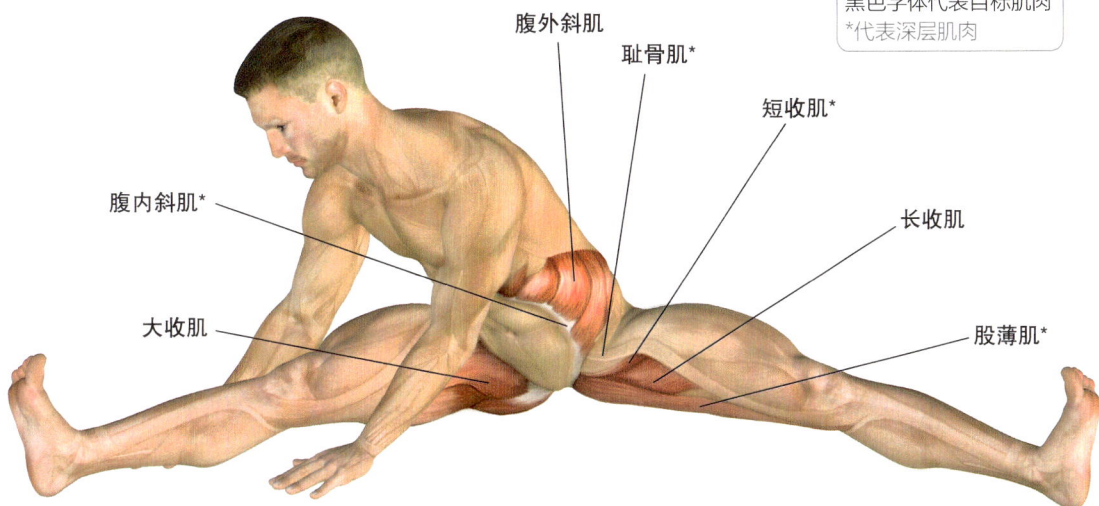

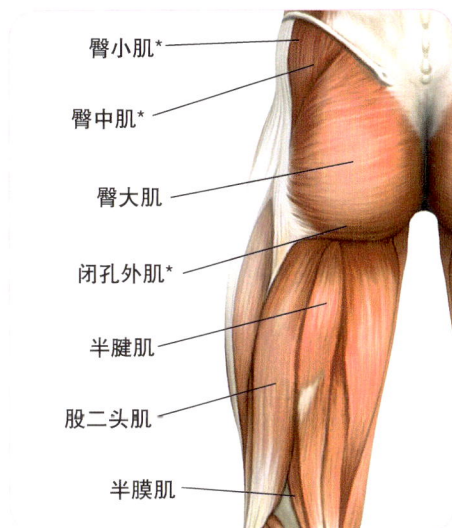

腹外斜肌

耻骨肌*

短收肌*

腹内斜肌*

长收肌

大收肌

股薄肌*

臀小肌*

臀中肌*

臀大肌

闭孔外肌*

半腱肌

股二头肌

半膜肌

专家建议

　　将膝盖背面轻微压向地板，以减少膝盖背面与地板之间的空隙。

最佳锻炼部位

- 臀大肌
- 臀中肌
- 臀小肌
- 股二头肌
- 半腱肌
- 半膜肌
- 腹外斜肌
- 腹内斜肌
- 长收肌
- 大收肌
- 短收肌
- 股薄肌
- 耻骨肌
- 闭孔外肌

胸靠近中间地板劈叉

拉伸训练

① 开始于双腿劈叉（见第64页），坐直，双腿伸直，在舒适情况下以最大角度分开。脚稍微弯曲，以至于脚趾可绷直朝上。

锻炼目标

- 腘绳肌
- 下背部
- 髋部内收肌
- 臀肌区域

正确做法

- 保持躯干伸长，胸部提起
- 当向前弯曲时，拉长躯干
- 保持腿从髋关节处外展

避免

- 避免过度做此拉伸；要小心、缓慢移动

最佳锻炼部位

- 臀大肌
- 腹内斜肌
- 臀中肌
- 长收肌
- 臀小肌
- 大收肌
- 股二头肌
- 短收肌
- 半腱肌
- 竖脊肌
- 半膜肌
- 多裂肌
- 腹外斜肌
- 闭孔外肌

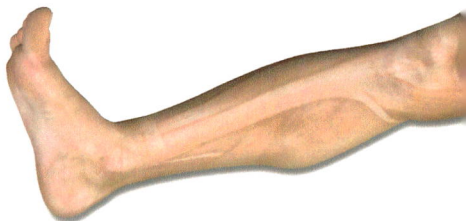

② 双手放在身体前方，当借助双手的力抬起上半身时，双手向前移动。

腹内斜肌*

腹外斜肌

短收肌*

长收肌

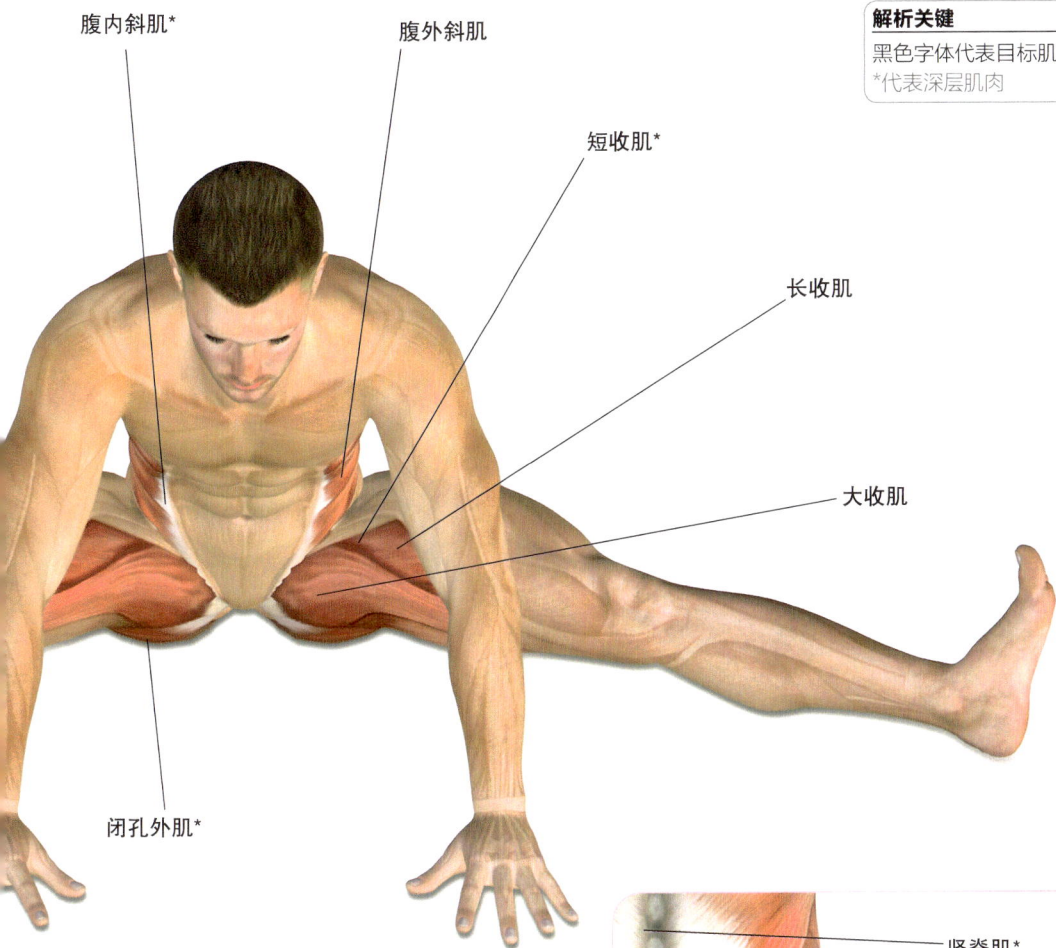

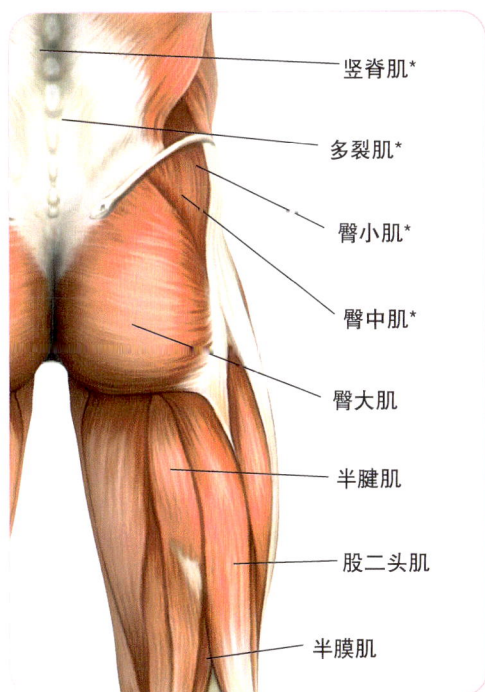

大收肌

闭孔外肌*

竖脊肌*

多裂肌*

臀小肌*

臀中肌*

臀大肌

半腱肌

股二头肌

半膜肌

触趾式拉伸

❶ 身体直立，两脚分开，与肩同宽。轻微弯曲膝部。

❷ 从颈部到下背，缓慢向下，弓起脊椎。手臂沿两腿放低。

❸ 当拉伸时，继续向下，弯曲腕部，让身体重量拉动头部朝向地板。

专家建议

要从此拉伸练习中放松，可以紧接着做站立背卷式（见第71页）练习。

锻炼目标

- 腘绳肌
- 上背部
- 下背部
- 小腿

正确做法

- 放松颈部和下巴
- 拉伸过程中自然和平稳地呼吸

避免

- 膝盖相接触，保持大腿稍微分开，有助于臀肌收缩和伸展

最佳锻炼部位

- 股二头肌
- 半腱肌
- 半膜肌
- 菱形肌
- 竖脊肌
- 腓肠肌
- 比目鱼肌

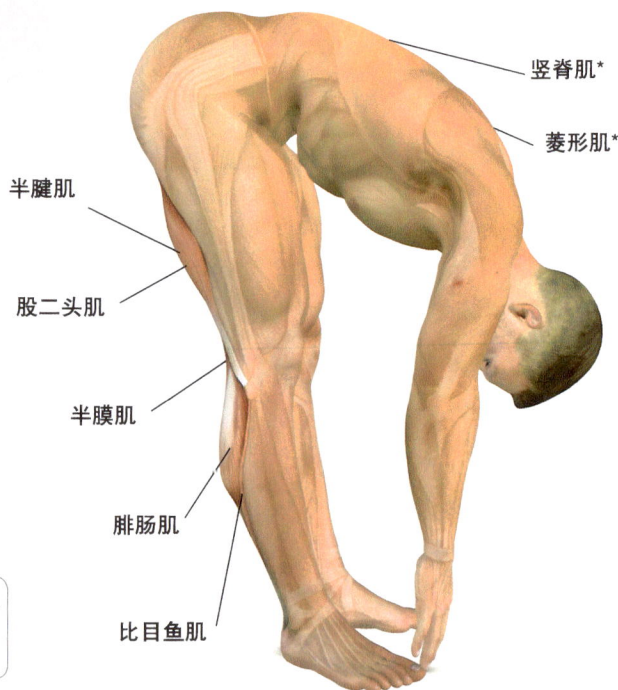

竖脊肌*

菱形肌*

半腱肌

股二头肌

半膜肌

腓肠肌

比目鱼肌

解析关键

黑色字体代表目标肌肉
*代表深层肌肉

站立背卷式

① 做完触趾式拉伸的步骤3，身体缓慢卷起，中间过程会感觉到在髋关节和大腿上方的臀肌。

② 交叉前臂，双手放在大腿上，肩部向前拱起。

③ 当拉伸肩胛骨之间的上背时，会感受到头部沉重。

最佳锻炼部位

- 菱形肌*

解析关键
黑色字体代表目标肌肉
*代表深层肌肉

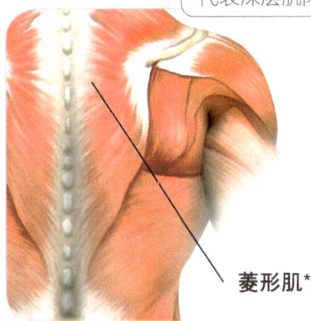

菱形肌*

专家建议

想象收缩的感觉，就像被人向上袭击了你的胃上部。

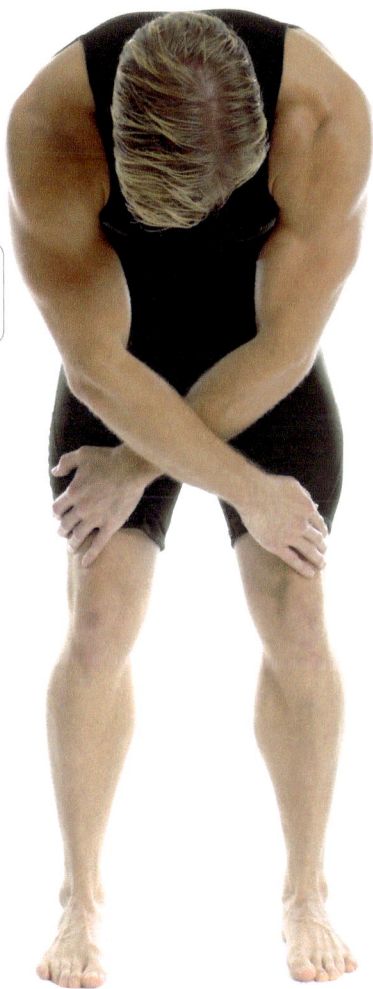

锻炼目标

- 上背
- 中胸椎区域

正确做法

- 保持双膝稍微弯曲
- 轻微前倾骨盆，使上半身收紧

避免

- 避免双膝向内翻

晨起醒神拉伸

❶ 身体直立，两脚分开，与肩同宽。轻微弯曲双膝。

❷ 前倾骨盆约半厘米。

锻炼目标
- 后背
- 颈部
- 腹肌
- 腹斜肌
- 手掌
- 前臂
- 上臂

正确做法
- 保持肘部稍微弯曲
- 收紧骨盆

避免
- 过度伸展下背或肘部

❸ 手臂朝向天花板伸直。手掌向内，将能量集中在掌心。当伸展时，眼睛向上看。

专家建议

　　在早上起床时首先做此伸展练习效果较好，可以提神。

最佳锻炼部位

- 斜方肌
- 股二头肌
- 肩胛提肌
- 斜角肌
- 夹肌
- 胸锁乳突肌
- 桡侧腕伸长肌
- 桡侧腕伸短肌
- 尺侧腕伸肌
- 桡侧腕屈肌
- 尺侧腕屈肌
- 菱形肌
- 腹直肌
- 腹横肌
- 腹外斜肌
- 腹内斜肌
- 背阔肌
- 掌长肌

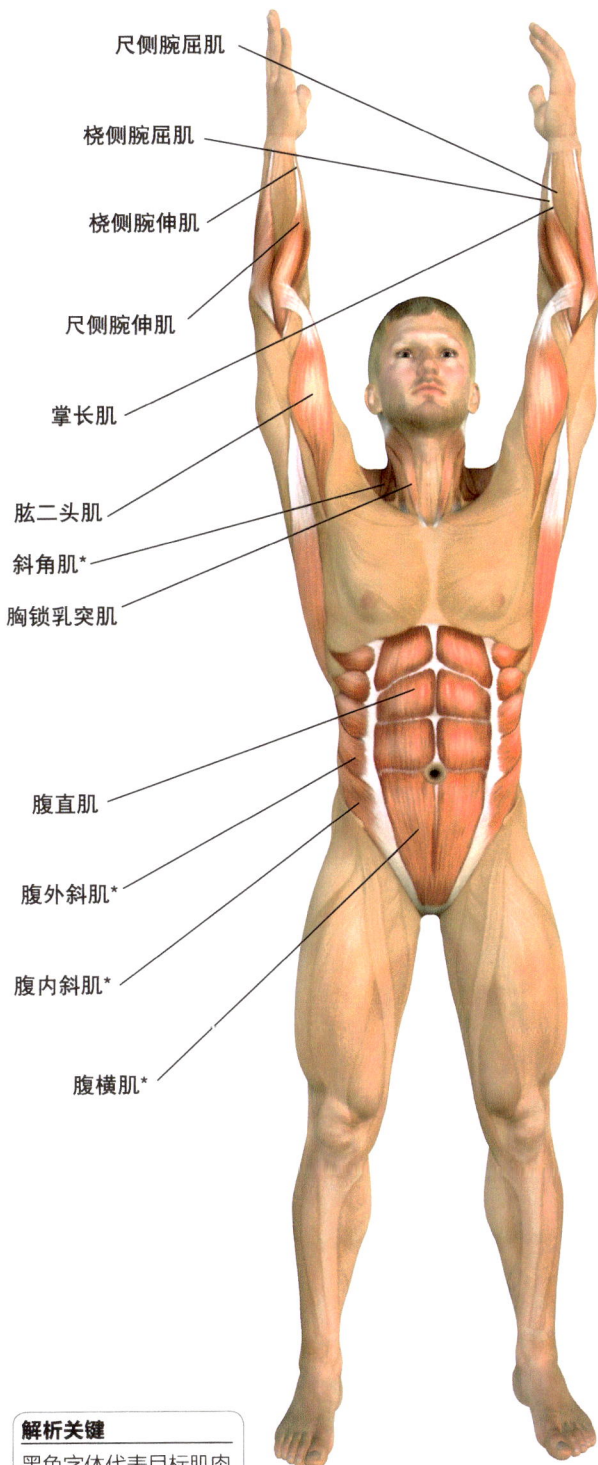

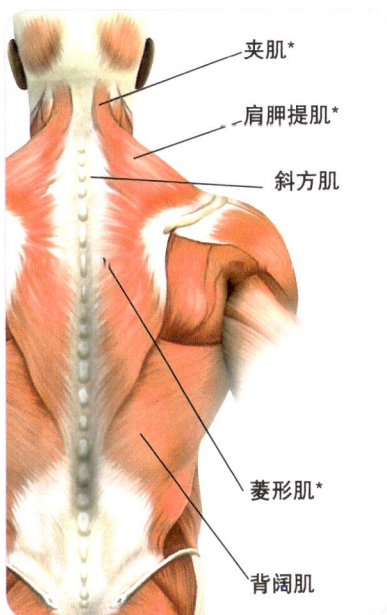

尺侧腕屈肌

桡侧腕屈肌

桡侧腕伸肌

尺侧腕伸肌

掌长肌

肱二头肌

斜角肌*

胸锁乳突肌

腹直肌

腹外斜肌*

腹内斜肌*

腹横肌*

夹肌*

肩胛提肌*

斜方肌

菱形肌*

背阔肌

解析关键

黑色字体代表目标肌肉
*代表深层肌肉

73

头皮和脸部拉伸

头皮拉伸

1. 把手掌放在太阳穴上。手指分开，然后沿着太阳穴往后放。

2. 用大拇指抓起头两侧的一小撮头发。

3. 向后轻拉头发，直至感觉头皮有点发紧。

锻炼目标
- 头皮
- 脸部肌肉

正确做法
- 拉伸过程中保持头部稳定

避免
- 收紧颈部和肩部

专家建议

如果有足够多的头发，主张用手指尖轻拉头发。切记不要拉得太用力。轻微拉伸头皮的标准就是未将头发拉掉。

最佳锻炼部位
- 额肌
- 枕肌
- 眼轮匝肌

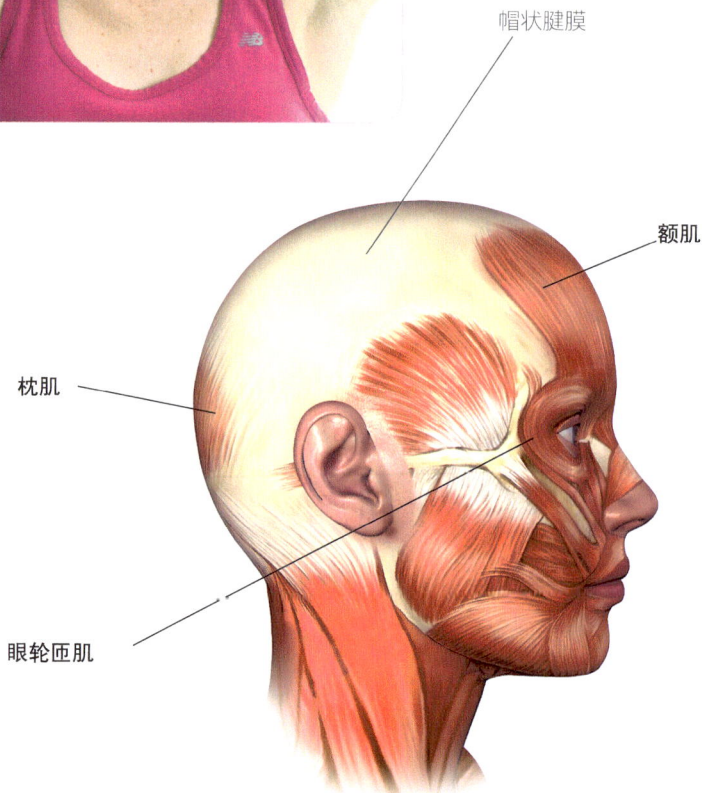

帽状腱膜

额肌

枕肌

眼轮匝肌

解析关键

黑色字体代表目标肌肉
灰色字体代表纤维组织
*代表深层肌肉

74

狮式拉伸

❶ 当试图向上和向后提起耳朵时，抬高双侧眉毛。

❷ 长大嘴巴，舌尖抵在下齿的后面，尽可能舒适地向外弯曲舌头。

❸ 张开鼻孔，保持5秒。

❹ 放松，然后重复以上动作，每次保持5秒。

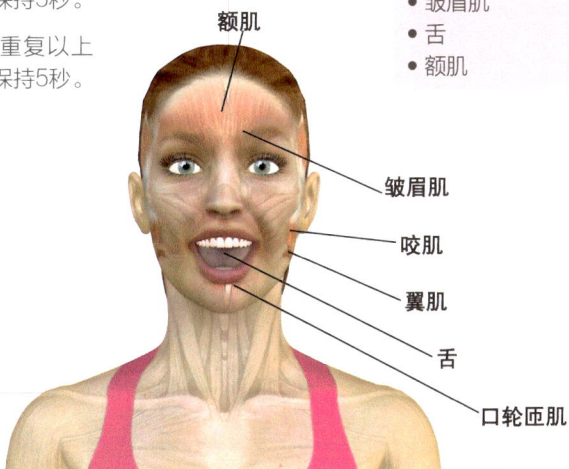

额肌

皱眉肌

咬肌

翼肌

舌

口轮匝肌

眼眶拉伸

❶ 向视野的右上角注视，保持3秒。

❷ 按顺时针方向将注视点移到视野的右下角，保持3秒。

❸ 将注视点移到视野的左下角，保持3秒。

❹ 将注视点移到视野的左上角，保持3秒。

❺ 休息10秒，重复以上动作，再休息10秒。然后，按相反的方向再重复两遍动作。

颈部拉伸

颈部侧倾

❶ 身体直立，两脚分开，与肩同宽。轻微弯曲双膝。

❷ 骨盆前倾约半厘米，身体挺直，稍微抬胸，肩部稍压向后下方。

❸ 缓慢向右倾斜头部，感觉头部重量转移至这个方向，保持5秒。

❹ 缓慢将头部恢复至中间位置，休息5秒，然后在另一侧重复以上动作。

锻炼目标
● 颈部

正确做法
● 在拉伸时通常呼吸顺畅

避免
● 提起或使肩膀紧张

最佳锻炼部位

● 肩胛提肌

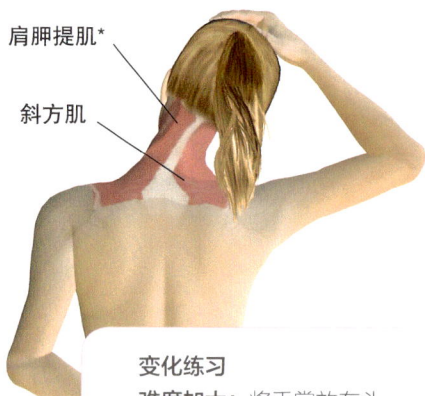

肩胛提肌*

斜方肌

变化练习
难度加大： 将手掌放在头上，手指摸耳。另一只手臂向下伸展，手指伸直，就像正在试图伸手去拿够不着的东西一样。舞者们称此动作为"伸手拿钥匙"。

颈部向下倾斜

❶ 保持站姿，向下看，注视自己的鼻子，同时头朝右侧腋窝方向倾。

❷ 保持5秒，恢复至中间位置，休息5秒，然后在右侧重复以上动作，保持5秒。

最佳锻炼部位

● 斜方肌

变化练习
难度加大： 为深化这种拉伸，再次将手放至头上，另一只手做"伸手拿钥匙"的动

颈部向上倾斜

❶ 保持站姿，缓慢抬起头部，使鼻尖朝向左上，注视上方。

❷ 保持5秒。

❸ 缓慢恢复头部至中心位置，休息5秒，在另一侧重复以上动作。

最佳锻炼部位

- 胸锁乳突肌

变化练习

难度加大： 为深化这种拉伸，再次将手放至头上，另一只手做"伸手拿钥匙"的动作。

头颈旋转

❶ 双手下垂呈自然状态。稍微抬起下巴，注视前方。

❷ 将头部转向右侧，保持5秒。

❸ 缓慢恢复头部至中心位置，休息5秒，在另一侧重复以上动作。

最佳锻炼部位

- 胸锁乳突肌
- 夹肌
- 肩胛提肌
- 斜方肌
- 棘间韧带
- 关节囊韧带

颈后拉伸

❶ 双手十指交叉放于脑后。轻微低头，保持5秒。

❷ 缓慢恢复头部至中心位置，休息5秒，在另一侧重复以上动作。

最佳锻炼部位

- 胸锁乳突肌
- 项韧带
- 棘上韧带
- 斜方肌

解析关键

黑色字体代表目标肌肉
斜体字代表韧带
*代表深层肌肉

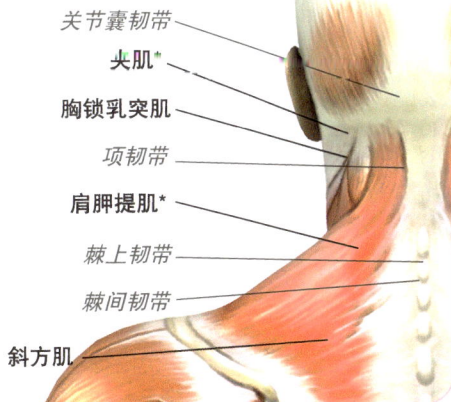

关节囊韧带
头肌*
胸锁乳突肌
项韧带
肩胛提肌*
棘上韧带
棘间韧带
斜方肌

肱三头肌拉伸

1. 身体直立，两脚分开，与肩同宽。轻微弯曲双膝，骨盆前倾，提胸，向后下方沉肩部。

2. 将右臂举至脑后，肘部弯曲，目的是要将肘部移到脑后中央，右手落在肩胛骨之间。

3. 左手抓住右肘部，在右肘部保持不动的同时，左手轻拉右肘部以强化拉伸。

4. 放松肘部，在另一侧重复以上动作。

锻炼目标
- 上臂

正确做法
- 保持肩部按向后下方
- 维持上腹部稳定，保持骨盆轻微收紧

避免
- 倾斜头部和/或颈部向前，以至于脊椎不在一条直线上
- 屏住呼吸

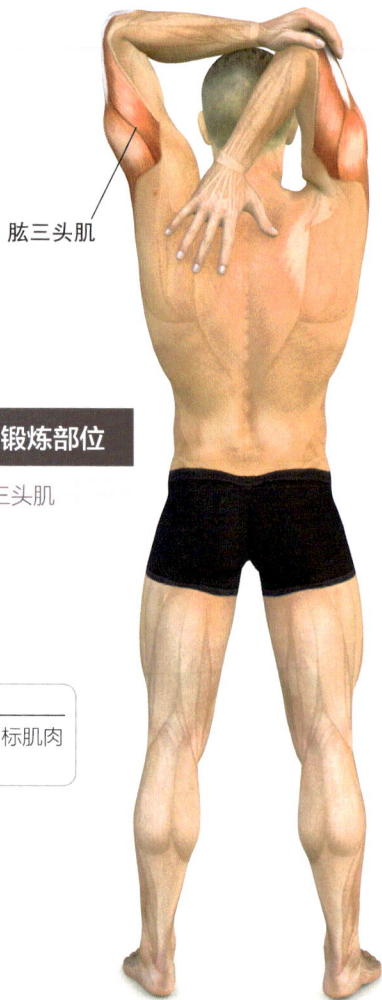

肱三头肌

最佳锻炼部位
- 肱三头肌

解析关键
黑色字体代表目标肌肉
*代表深层肌肉

肱二头肌拉伸

1 站立，两脚分开，与肩同宽。轻微弯曲双膝，骨盆前倾，提胸，向后下方沉肩部。

2 两手十指相扣，放在身后，挺直手臂，向内扭转腕部，使手掌贴至臀肌处。

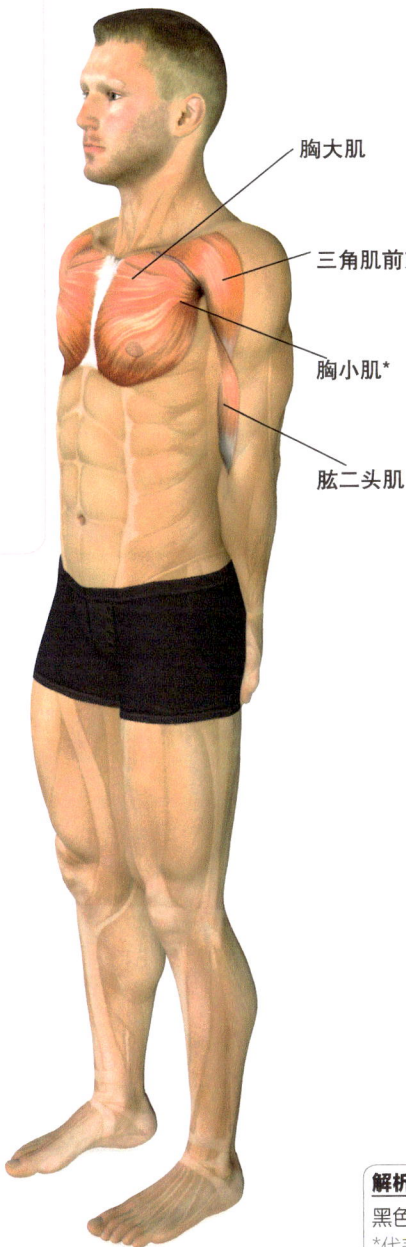

最佳锻炼部位

- 肱二头肌
- 三角肌前束
- 胸大肌
- 胸小肌

胸大肌

三角肌前束

胸小肌*

肱二头肌

锻炼目标

- 上臂
- 肩部
- 胸部

正确做法

- 保持肩部下沉

避免

- 胸部向前收拢

解析关键

黑色字体代表目标肌肉

*代表深层肌肉

墙壁辅助式胸部拉伸

拉伸训练

❶ 站直，身体左侧为墙。

最佳锻炼部位

- 胸小肌
- 三角肌前束
- 胸大肌

锻炼目标

- 胸部
- 肩部

正确做法

- 保持肩部下沉
- 手臂抵住墙，肘部稍低于肩部，腕部稍低于肘部，这样成一条斜线，目的是防止肩袖损伤

避免

- 跨步时胸部或躯干向墙方向旋转；与之正好相反，应该面向前方

❷ 向后伸直左臂，左手掌张开抵住墙。

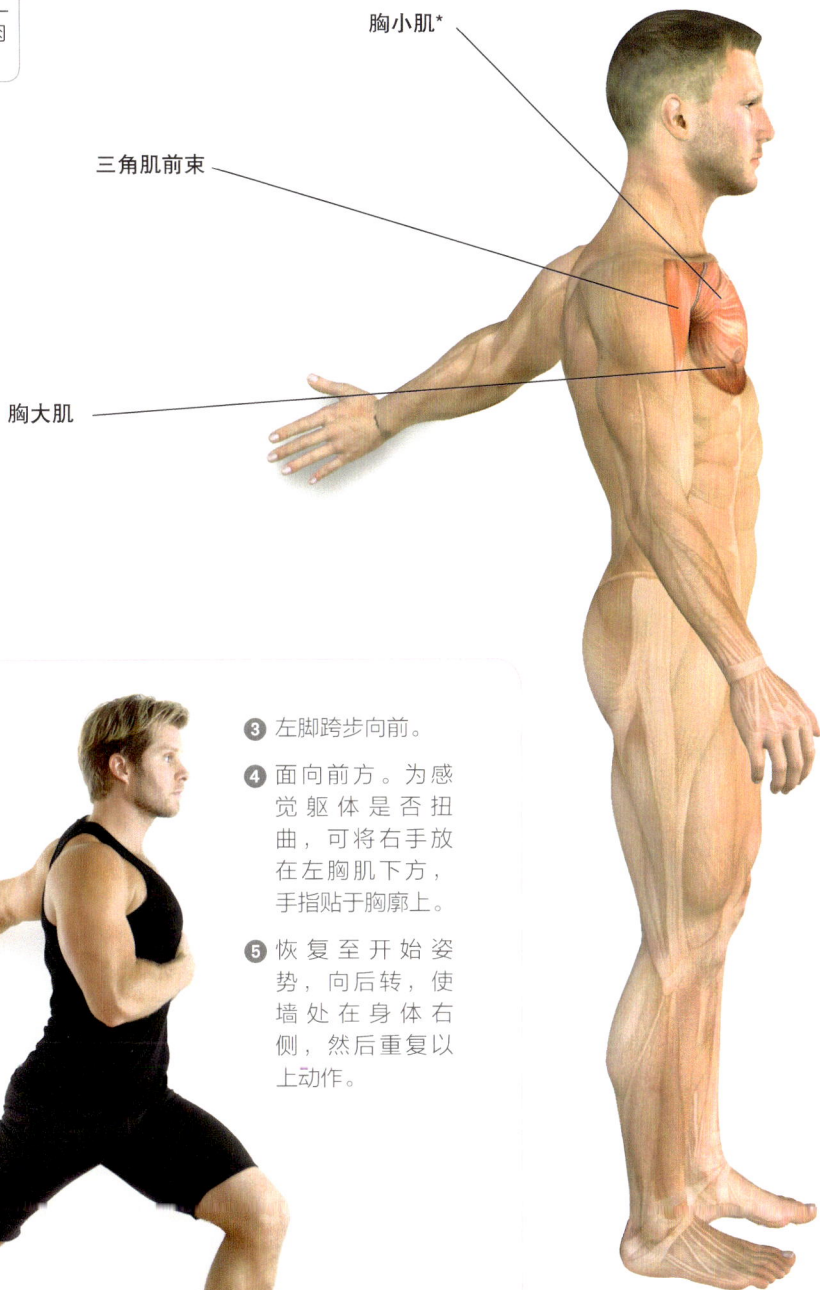

胸小肌*

三角肌前束

胸大肌

③ 左脚跨步向前。

④ 面向前方。为感觉躯体是否扭曲，可将右手放在左胸肌下方，手指贴于胸廓上。

⑤ 恢复至开始姿势，向后转，使墙处在身体右侧，然后重复以上动作。

前臂拉伸

最佳锻炼部位

- 桡侧腕伸肌
- 尺侧腕伸肌
- 小指伸肌
- 指伸肌
- 示指伸肌
- 伸拇肌

手腕屈曲

❶ 站立或采取坐位，两臂置于身体两侧。

❷ 以肘为原点，向上弯曲右前臂，呈90度弯曲。手掌心朝下。

❸ 向下弯曲右手手腕，从而使手掌朝内。

❹ 将左手手指置于右手手背上，左手拇指置于右手掌拇指肌肉正上方。

❺ 左手手指轻轻按压右手手背，从而使右手腕呈60～90度弯曲；同时，左手拇指朝身体外侧按压手掌，做更深的拉伸。

❻ 恢复到原位，换手，在另一侧重复以上动作。

锻炼目标

- 手腕
- 手部
- 前臂

正确做法

- 记住，屈曲运动可拉伸伸肌，伸展运动可拉伸屈肌。
- 确保用拇指按压手掌多肉部位，与拇指一同，增强前臂和手腕的拉伸。

避免

- 耸肩或肩部肌肉紧张

专家建议

　　在长时间接打电话、办公室伏案工作，或者经常用双臂搬运重物（如抱孩子）后，做此项拉伸训练，可使紧张的手部和前臂肌肉得到放松。

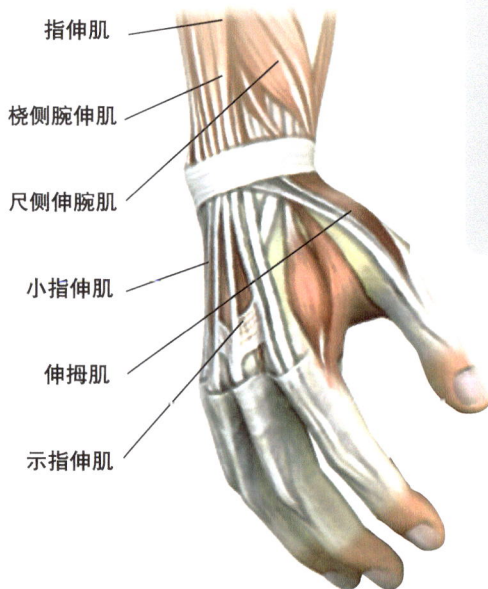

指伸肌

桡侧腕伸肌

尺侧伸腕肌

小指伸肌

伸拇肌

示指伸肌

解析关键

黑色字体代表目标肌肉
*代表深层肌肉

手腕拉伸

最佳锻炼部位

- 桡侧腕屈肌
- 尺侧腕屈肌
- 小指屈肌
- 屈指肌
- 掌长肌
- 屈拇肌

1 站立或采取坐姿，两臂置于身体两侧。

2 以肘为原点，向上弯曲右前臂使肘关节呈90度。手掌心朝上。

3 向下弯曲右手腕，从而使手掌朝外。

4 将左手手指置于右手背上，左手拇指置于右手掌的拇指肌肉正上方。

5 用左手拇指和手掌朝身体缓慢地按压右手拇指和手掌。同时，用左手手指按压右手手背，从而压扁右手掌，做更深的拉伸。

专家建议

假想每只手臂下夹着铅笔的橡皮端，并在整个锻炼过程中让肩部保持这样的姿势。用腋下肌肉夹住这支假想的铅笔。该技巧适用于所有需要保持肘部贴近胸腔的拉伸和抗阻训练。

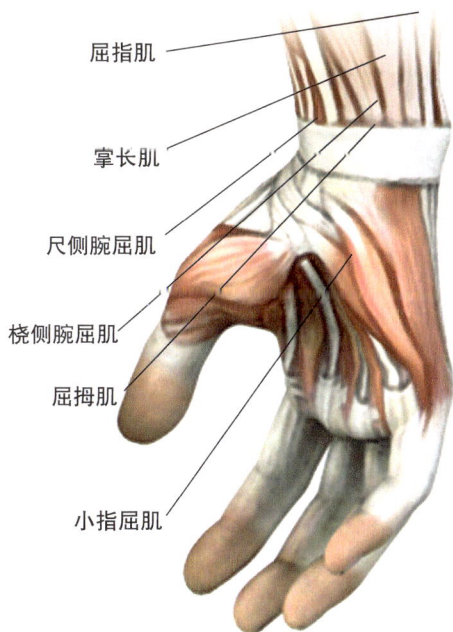

屈指肌

掌长肌

尺侧腕屈肌

桡侧腕屈肌

屈拇肌

小指屈肌

解析关键

黑色字体代表目标肌肉
*代表深层肌肉

小腿拉伸

小腿跟下压

1 站在台阶、高地或楼梯上，双腿分开与肩同宽。非常轻微地弯曲膝盖，并轻微向前收骨盆，挺胸，向后下方沉双肩。

2 慢慢将左脚移至右脚前，并将右脚前脚掌放在台阶边缘。

最佳锻炼部位

- 腓肠肌
- 比目鱼肌
- 跟腱

3 右脚跟下压，控制右腿的承重，以增强或减弱右小腿的拉伸强度。

4 恢复到原位，换脚，重复以上动作。

锻炼目标

- 小腿
- 跟腱

正确做法

- 如果需要的话，可倚靠墙或其他牢固物体，以达到身体平衡。
- 缓慢地从大脚趾逐次转到小脚趾，如此反复数次。同时将身体重心在每个脚趾上转移，以拉伸小腿肌肉的每一处。

避免

- 弹震去实现较大的拉伸。应该认真缓慢地完成所有动作。

专家建议

在心血管锻炼计划期间，做数次小腿拉伸训练，可帮助缓解小腿的紧绷感。

脚趾朝上小腿拉伸

❶ 身体直立，两脚
分开，与肩同
宽。非常轻微地
弯曲双膝，并轻
微向前收骨盆，
挺胸，向后下方
压双肩。

解析关键

黑色字体代表目标肌肉

斜体字代表肌腱

*代表深层肌肉

专家建议

避免目视下方，
因为这样可能将前脚
的承重转移到后腿，
从而大大减弱拉伸的
强度。

❷ 将右脚脚趾球放
在台阶上或倚靠
墙体。

❸ 保持双膝伸直，
向前收臀。

❹ 恢复到原位，换
脚，重复以上
动作。

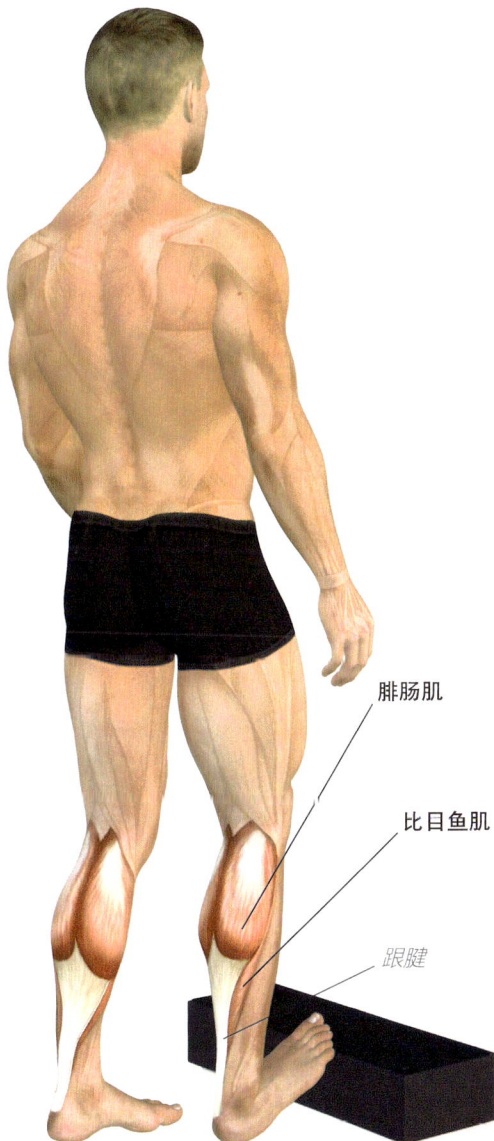

腓肠肌

比目鱼肌

跟腱

站立股四头肌拉伸

最佳锻炼部位

- 股直肌
- 股外侧肌
- 股中间肌
- 股内侧肌
- 胫骨前肌
- 趾伸短肌

❶ 身体直立，两脚分开，与肩同宽。非常轻微地弯曲膝盖，并轻微向前收骨盆，挺胸，向后下方压肩。

❷ 向后屈右膝，从而朝臀部抬起脚踝。

❸ 右手向下抓住脚踝下方，轻轻提拉。

❹ 恢复到原位，换腿，重复以上动作。

锻炼目标

- 股四头肌
- 脚背
- 脚踝

正确做法

- 背靠着墙或其他牢固物体，单臂置于弯曲的腿的另一侧，以辅助身体平衡。

避免

- 脚与臀部太近，而不能舒适拉伸。除非柔韧性极强，否则此动作挤会压膝关节。

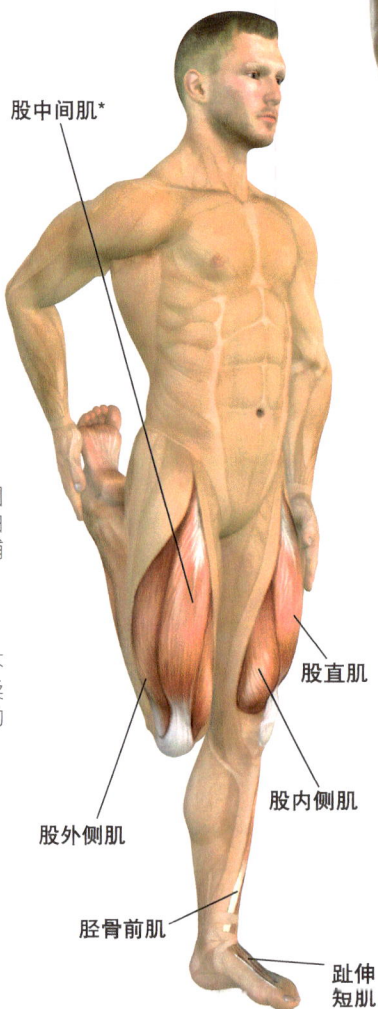

股中间肌*

股直肌

股内侧肌

股外侧肌

胫骨前肌

趾伸短肌

变化练习
难度减小： 用一条小毛巾缠绕脚踝，抓住毛巾两端，来帮助提高脚部。

解析关键

黑色字体代表目标肌肉
*代表深层肌肉

短跑跪式拉伸

① 左膝弯曲跪着，脚趾绷直伸到后面地上。屈右腿，以使右脚踩于左膝附近的地面。

② 双手分开，摊放于身体稍前方地面。双手间距离稍宽于肩，掌心朝下。

③ 身体稍向前倾，左脚跟放松。

④ 恢复到原位，换腿，重复以上动作。

最佳锻炼部位

- 比目鱼肌
- 趾伸短肌
- 跟腱

解析关键
黑色字体代表目标肌肉
斜体字代表肌腱
*代表深层肌肉

锻炼目标
- 小腿
- 跟腱

正确做法
- 将前脚脚底与后脚脚背置于地面
- 胸部深深倾斜过抬起的大腿之上，以增强拉伸的强度

避免
- 脚向内转

跟腱

趾伸短肌

比目鱼肌

相扑蹲

❶ 站立，双脚分开比双肩宽，脚趾朝外。轻屈双膝，并向前收骨盆。挺胸，向后下方压肩。

❷ 双手置于大腿上。

❸ 下蹲，直至大腿与地面平行，重心放在脚跟。

❹ 然后，脚后跟向下推，收缩臀肌和大腿内侧，身体上升，恢复开始姿势。

锻炼目标
- 腹股沟肌肉
- 髋部内收肌

正确做法
- "坐"，而不是屈腿蹲：如此可减小双膝受到的压力
- 整个拉伸过程中，收骨盆，挺胸
- 双手置于大腿上，轻微打开大腿，以帮助从臀部得到适当力量，实现完美形态

避免
- 双膝朝向脚趾外部
- 耸肩

专家建议

假想头上顶着一本书，可帮助你保持胸部提起，上半身重心放在臀部。

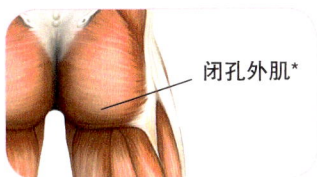

闭孔外肌*

最佳锻炼部位

- 长收肌
- 大收肌
- 短收肌
- 股薄肌
- 耻骨肌
- 闭孔外肌

解析关键

黑色字体代表目标肌肉
*代表深层肌肉

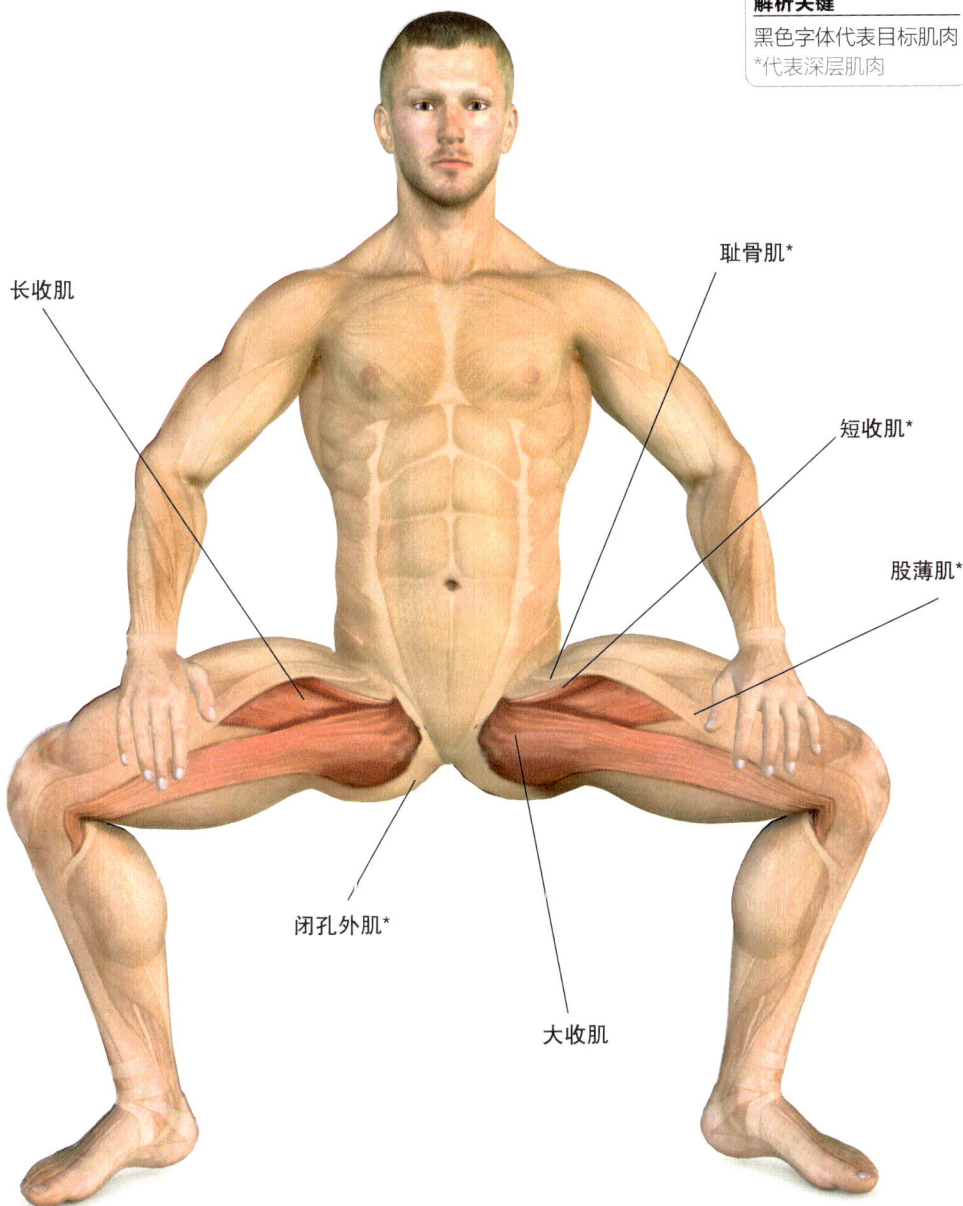

长收肌

耻骨肌*

短收肌*

股薄肌*

闭孔外肌*

大收肌

侧倾相扑蹲

❶ 从相扑蹲的最终姿势（见第88、89页）开始，双膝弯曲，大腿平行于地面。

❷ 右前臂下降，放在右侧大腿接近膝盖的地方。左臂与左手笔直向上，伸到右侧。保持此姿势做拉伸动作。

❸ 放下左臂，双前臂置于两侧大腿之上，头部回到正中。

❹ 然后，脚后跟推地，收缩臀肌和大腿内侧，身体上升，恢复开始姿势。

❺ 换侧，重复以上动作。

锻炼目标
- 腹股沟肌肉
- 髋部内收肌

正确做法
- 保持上身和背挺直

避免
- 向拉伸的方向前倾
- 膝盖弯屈超过脚趾
- 绷紧你的下巴，这会限制你的呼吸

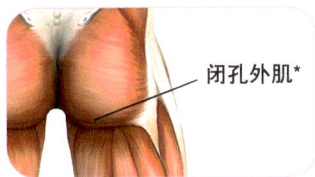

闭孔外肌*

最佳锻炼部位
- 长收肌
- 大收肌
- 短收肌
- 股薄肌
- 耻骨肌
- 闭孔外肌

专家建议

假想你是一个头部系着一根线的木偶，在你到达另一侧之前，将你拉起。由此可极大增加拉伸的强度。

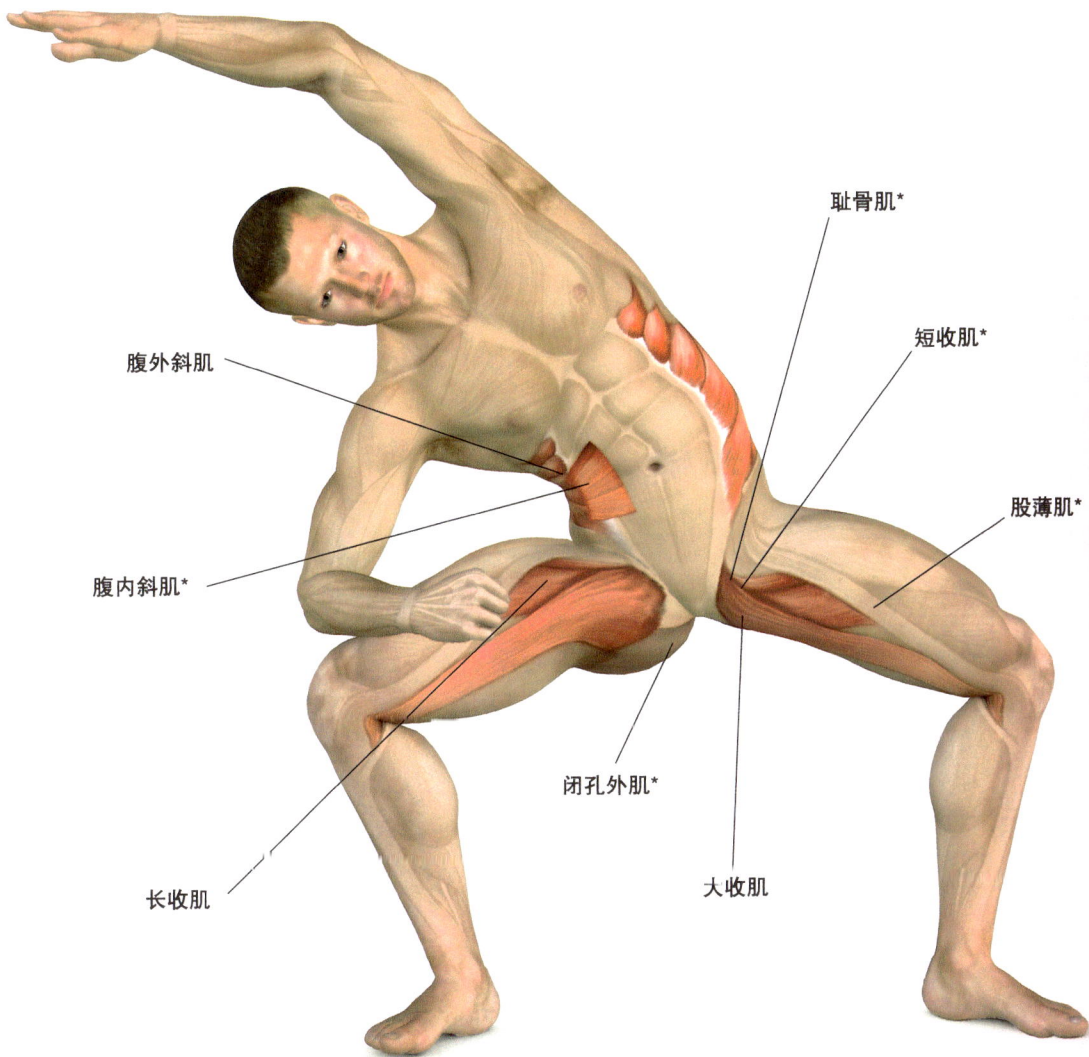

耻骨肌*

短收肌*

股薄肌*

腹外斜肌

腹内斜肌*

闭孔外肌*

大收肌

长收肌

解析关键

黑色字体代表目标肌肉
*代表深层肌肉

侧弓步拉伸

❶ 从相扑蹲（见第88~89页）开始，双手下放至身体前面的地上，转移部分重力给双臂。

专家建议

将适当重量放在双手上，以降低拉伸的强度。

锻炼目标
- 髋部内收肌
- 髋部屈肌
- 腘绳肌
- 大腿内侧
- 臀肌区域

正确做法
- 努力朝地面下降臀肌，由此可增加拉伸的强度
- 保持单腿伸出，脚部弯曲

避免
- 朝一侧伸得太远而过度拉伸

❷ 缓慢将身体移至右侧，尽可能慢地加劲，屈右膝，伸直左腿。

❸ 小心地回到中心位置，换侧，重复以上动作。

臀小肌*

阔筋膜张肌

臀大肌

股二头肌

半腱肌

半膜肌

髂腰肌*

股直肌

耻骨肌*

缝匠肌

短收肌*

股薄肌*

长收肌

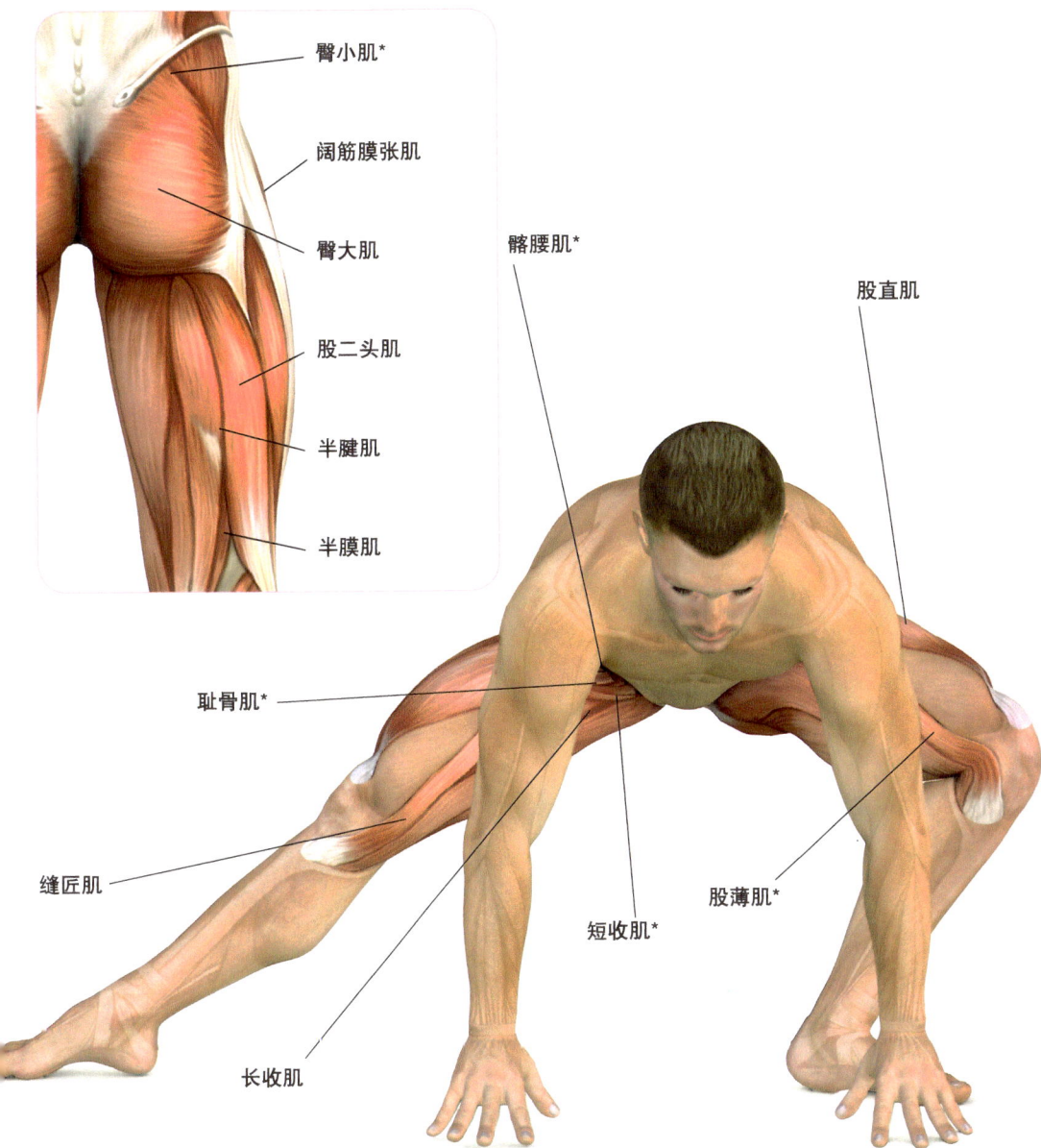

最佳锻炼部位

- 臀小肌
- 阔筋膜张肌
- 臀大肌
- 髂腰肌
- 股直肌
- 缝匠肌
- 耻骨肌
- 长收肌
- 短收肌
- 股薄肌
- 股二头肌
- 半腱肌
- 半膜肌

解析关键
黑色字体代表目标肌肉
*代表深层肌肉

前弓步

❶ 首先摆好相扑蹲姿势（见第88~89页）。

最佳锻炼部位

- 股直肌
- 股外侧肌
- 股中间肌
- 股内侧肌
- 股二头肌
- 半腱肌
- 半膜肌
- 臀大肌
- 长收肌
- 大收肌
- 短收肌
- 股薄肌
- 耻骨肌
- 闭孔外肌
- 髂腰肌
- 臀小肌
- 阔筋膜张肌

❷ 双手下放至身前地面，转移部分重力给双臂。

❸ 随右脚向前移动，双手小心地"走"到右侧。

锻炼目标

- 股四头肌
- 臀肌区域
- 大腿内侧
- 腘绳肌
- 脚趾球

正确做法

- 后腿与臀部对齐伸出，以形成一条长长的直线
- 膝盖位于脚踝上方

避免

- 后面伸长的腿下降至地面
- 耸肩

变化练习

难度加大：将双手于掌与指尖放于前脚两侧，头部与脊椎成一条直线，注视前方几尺远的地方。

解析关键
黑色字体代表目标肌肉
*代表深层肌肉

❹ 身后左腿向后移，伸直，保持右膝弯曲。

❺ 双手手掌置于右膝上，保持该动作。

❻ 返回到相扑蹲姿势，在另一侧重复以上动作。

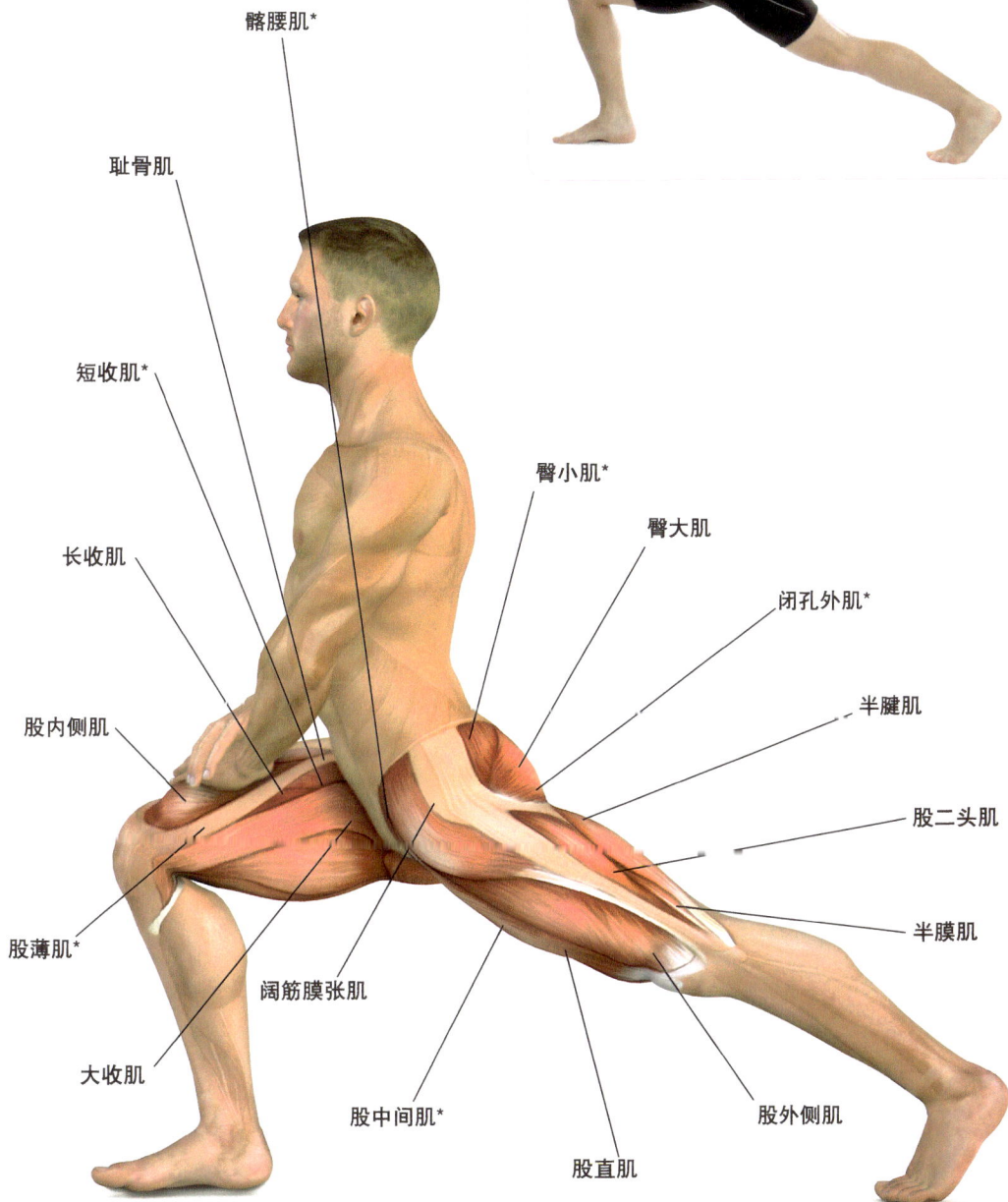

髂腰肌*

耻骨肌

短收肌*

长收肌

臀小肌*

臀大肌

闭孔外肌*

半腱肌

股内侧肌

股二头肌

半膜肌

股薄肌*

大收肌

阔筋膜张肌

股中间肌*

股直肌

股外侧肌

前弓步扭转

① 做前弓步姿势（见第94~95页），右腿向前，双手置于右脚两侧地上。

最佳锻炼部位

- 腹外斜肌
- 腹内斜肌
- 股直肌
- 股外侧肌
- 股中间肌
- 股内侧肌
- 股二头肌
- 半腱肌
- 半膜肌
- 臀小肌
- 臀大肌
- 长收肌
- 大收肌
- 短收肌
- 股薄肌
- 耻骨肌
- 闭孔外肌
- 髂腰肌
- 阔筋膜张肌

锻炼目标

- 股四头肌
- 臀肌区域
- 髋部内收肌
- 腘绳肌
- 腹斜肌
- 胸腔
- 胸部
- 肩部

正确做法

- 朝上注视提起的手臂和手，绷直空中那只手的手指
- 胸部稍微抬起
- 保持腿脚平行

避免

- 屏住呼吸
- 扭转后背

② 左手作支撑，扭转躯干，缓慢小心地朝天花板向上提右臂。

③ 回到中心位置，在另一侧重复以上动作。

专家建议

假想你是一个木偶，头顶有一根拉线，另一根线从提起的中指指尖拉出，还有一根线从伸出的腿的脚跟拉出。想象这样子拉长整个身体。

胸小肌*
胸大肌
腹内斜肌*
腹外斜肌
髂腰肌*
耻骨肌*
短收肌*
长收肌
股直肌
股薄肌*
股内侧肌

解析关键

黑色字体代表目标肌肉
*代表深层肌肉

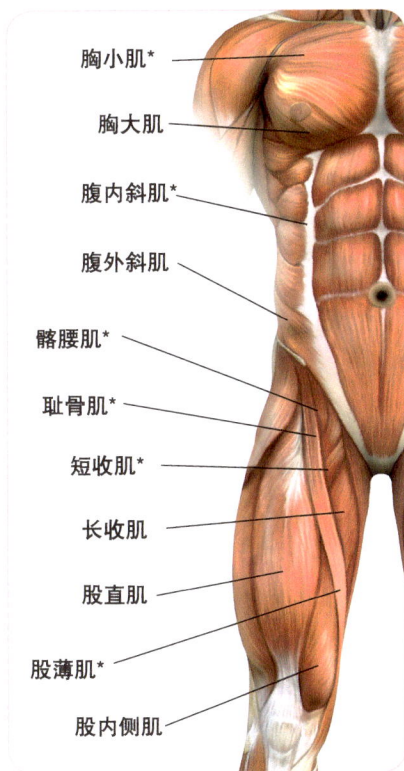

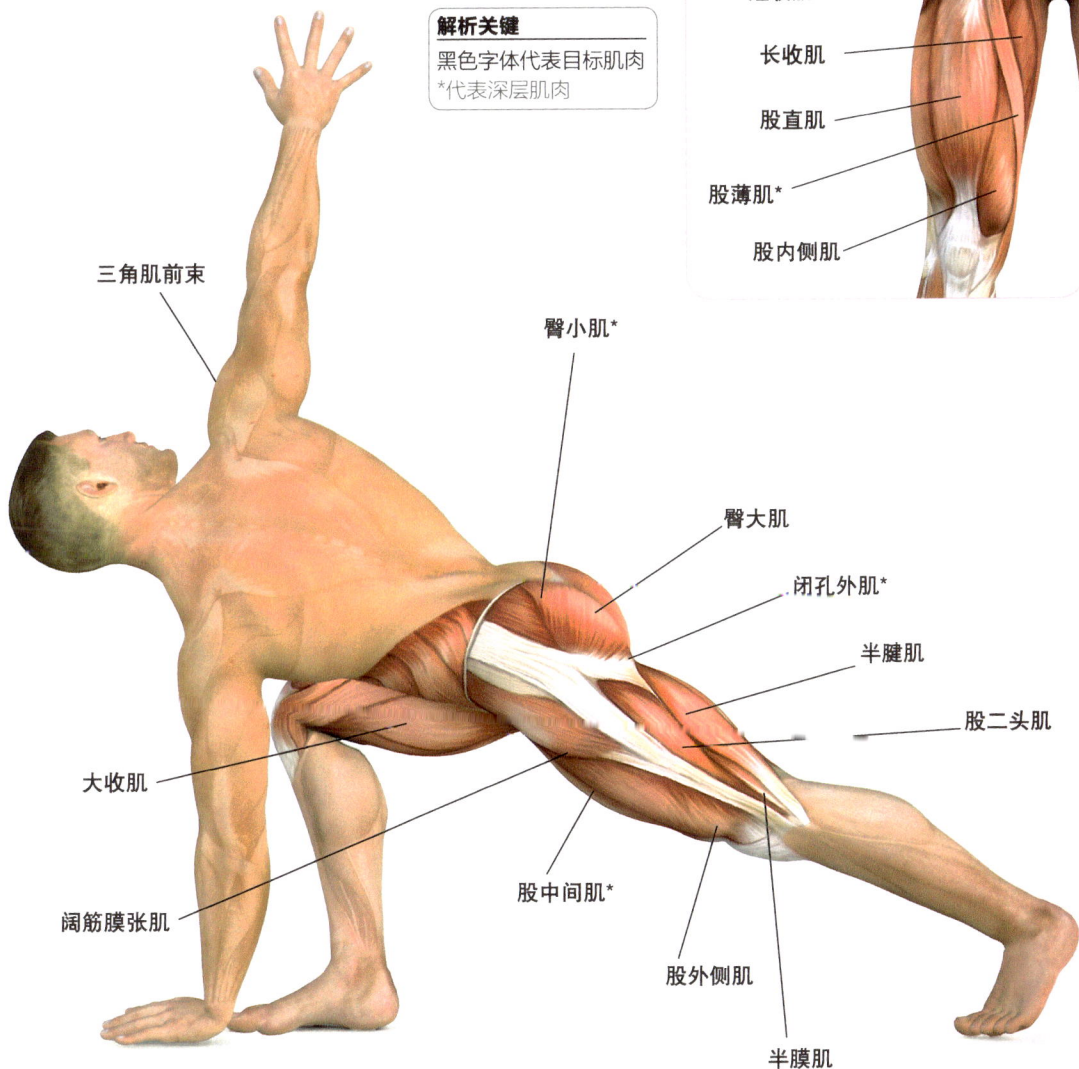

三角肌前束
臀小肌*
臀大肌
闭孔外肌*
半腱肌
股二头肌
大收肌
股中间肌*
阔筋膜张肌
股外侧肌
半膜肌

直膝弓步

❶ 身体直立，两脚分开，与肩同宽。轻微屈膝并向前收骨盆，挺胸，向后下方沉肩。

专家建议

保持胸部抬起，注视前脚；由此将帮助拉长躯干，增强下背部和腘绳肌的拉伸力度。

❷ 右脚向前一步。

❸ 保持双腿笔直，躯干尽量朝右腿倾斜。利用上身重量增强拉伸。

❹ 起身站立，在另一侧重复以上动作。

锻炼目标
- 腘绳肌
- 下背部
- 小腿

正确做法
- 脚趾球离地，以弯曲前脚，从而增加拉伸强度
- 整个拉伸过程中，保持后腿脚跟不离地面

避免
- 上半身不必要的紧张。应该放松，正常地吸气、呼气

最佳锻炼部位

- 股二头肌
- 半腱肌
- 半膜肌
- 竖脊肌
- 腓肠肌
- 比目鱼肌

变化练习
难度加大： 双手平放于前脚两侧的地面上。

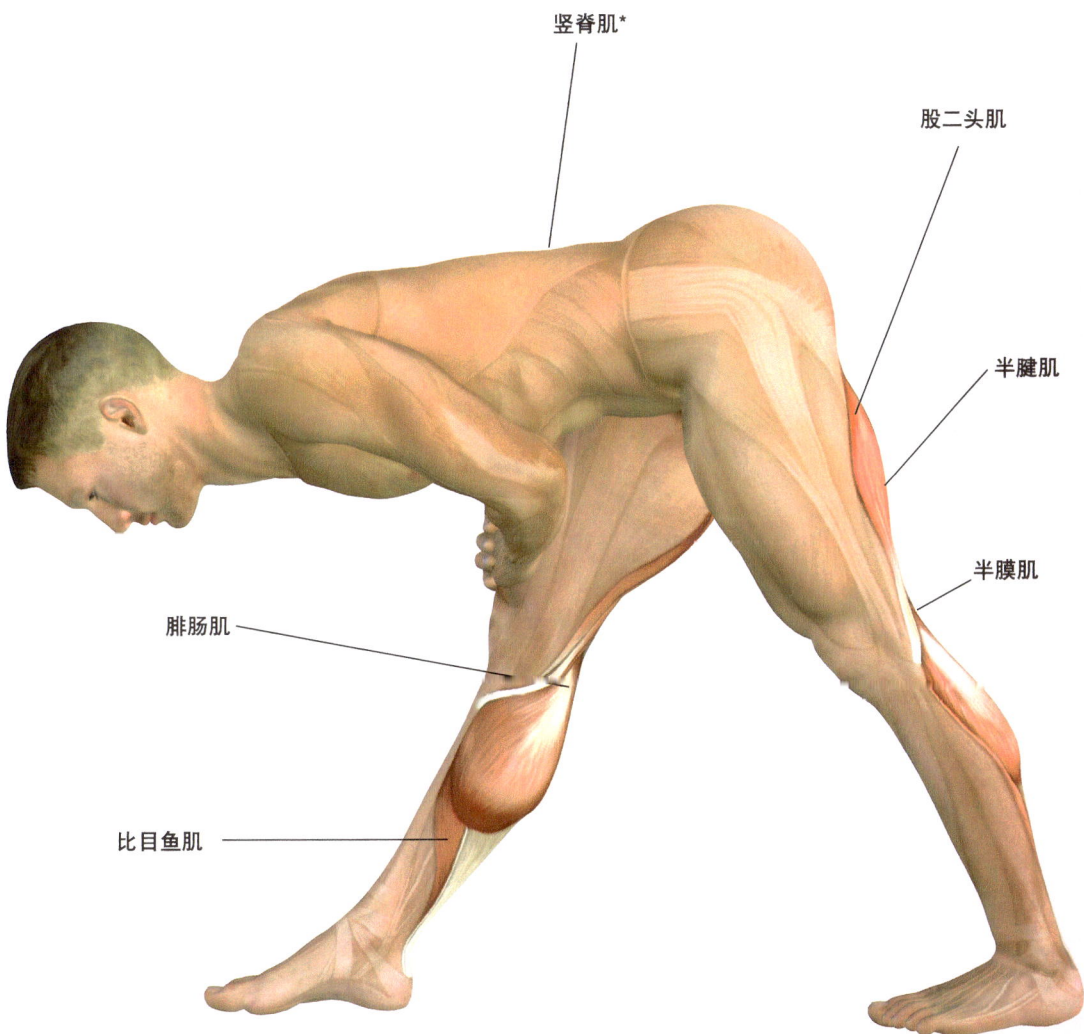

解析关键
黑色字体代表目标肌肉
*代表深层肌肉

竖脊肌*

股二头肌

半腱肌

半膜肌

腓肠肌

比目鱼肌

下犬式

❶ 四肢着地跪下，膝盖位于臀部正下方。双手置于身体稍前方地上，两手分开，稍宽于肩，掌心向下，指尖朝前。

锻炼目标
- 腘绳肌
- 小腿
- 后背
- 上臂
- 胸部
- 跟腱
- 臀肌区域

正确做法
- 始终保持双手手掌贴地，避免过度拉伸腕关节
- 头部与脊椎呈一条直线
- 保持后背平直，胸部抬起

避免
- 屏住呼吸。应该轻微放松下颌，正常呼吸

❷ 保持肘部伸直，下压地面。朝天花板向上抬起尾骨，同时膝盖离开地面。朝胸腔相反方向，拉长臀部，以伸长脊椎。

❸ 朝地面下压脚跟，收缩大腿，伸直双腿，身体呈"Ⅴ"字形。扩宽胸部和双肩，头部置于双臂之间。

最佳锻炼部位

- 胸大肌
- 胸小肌
- 前锯肌
- 肱三头肌
- 三角肌后束
- 肋间内肌
- 肋间外肌
- 股二头肌
- 半腱肌
- 半膜肌
- 竖脊肌
- 腓肠肌
- 比目鱼肌
- 臀大肌

专家建议

下犬式是流行最广的姿势之一，可平静头脑，并有助于缓解压力及轻度抑郁。

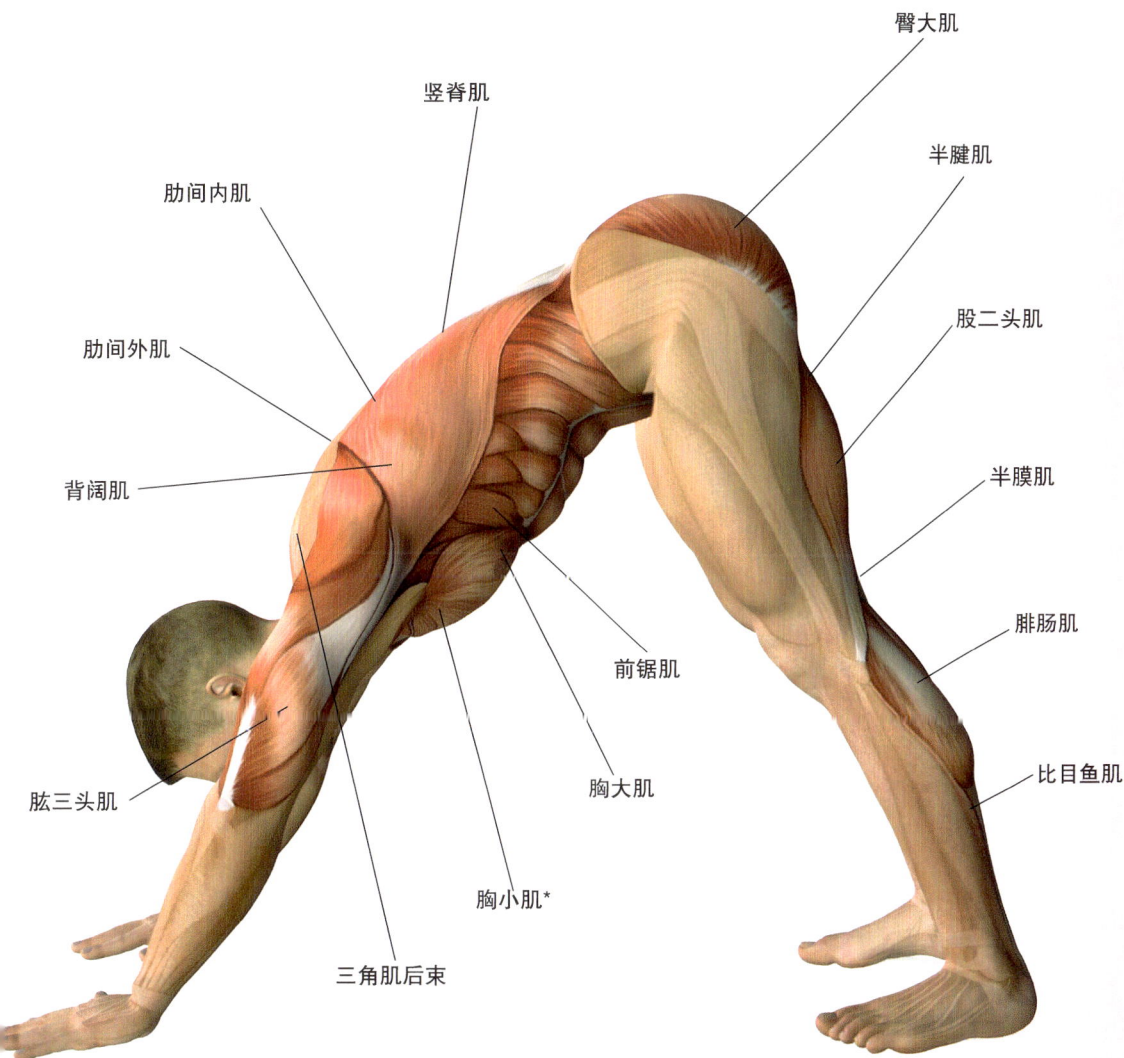

臀大肌

竖脊肌

半腱肌

肋间内肌

股二头肌

肋间外肌

半膜肌

背阔肌

腓肠肌

前锯肌

胸大肌

比目鱼肌

肱三头肌

胸小肌*

三角肌后束

宽步前屈

① 腿脚平行站立，双脚间距远宽于肩。轻微弯曲双膝，并向前收骨盆，挺胸，向后下方沉肩。

最佳锻炼部位

- 臀大肌
- 臀中肌
- 臀小肌
- 腹直肌
- 腹横肌
- 腹外斜肌
- 腹内斜肌
- 股二头肌
- 半腱肌
- 半膜肌
- 竖脊肌
- 腓肠肌
- 比目鱼肌

② 从臀部向前弯曲，保持后背平直。

③ 将指尖与手掌摊放于地面。

锻炼目标

- 腘绳肌
- 下背部
- 臀肌区域
- 小腿

正确做法

- 保持胸部抬起
- 从臀部向前弯曲时呼气

避免

- 拉紧颈部和双肩

变化练习

难度减小： 加宽双脚间距或在地上放置一块瑜伽砖，以作支撑。

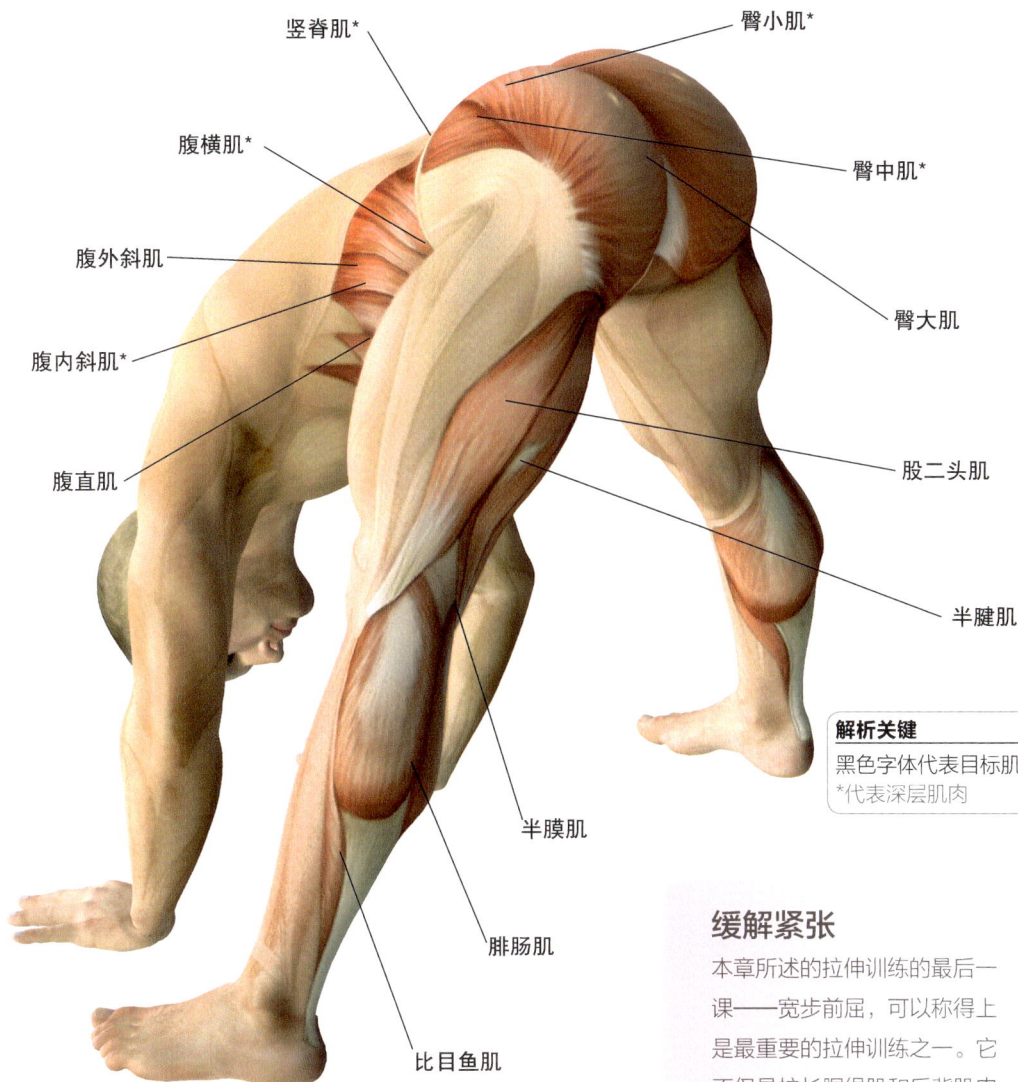

竖脊肌*

臀小肌*

腹横肌*

臀中肌*

腹外斜肌

臀大肌

腹内斜肌*

股二头肌

腹直肌

半腱肌

半膜肌

腓肠肌

缓解紧张

本章所述的拉伸训练的最后一课——宽步前屈，可以称得上是最重要的拉伸训练之一。它不仅是拉长腘绳肌和后背肌肉的最有效方式，还融入了一系列更流畅的运动。

舞者们也常使用此种拉伸，去缓解站在幕后等待登台或试镜前的紧张。当身心紧张、需要平静或只是想小憩一会儿的时候，都可以做此项拉伸训练。

比目鱼肌

变化练习

难度加大：双手在双腿之间"走"，弯曲肘部，前额轻轻触地。双手可随时用来保持平衡。

互动式拉伸

持续进行健身训练，责任感非常必要。责任感即对某人或某个训练动作负责任的态度。

尊重自我，犹如尊重企业客户或其他必须尊重的人一样；遵守拉伸锻炼的日程安排。选择一位搭档或朋友，可进一步确保你遵守健身训练的时间安排。

与搭档一起做拉伸锻炼，有许多益处，以下仅列几点。

- 与搭档一同锻炼，有助于实现更大的灵活度和活动度。
- 给搭档留下好印象的愿望可转化为动力，可激励你挑战个人困难。
- 你不太可能在互动式拉伸训练课程中逃课。
- 互动式拉伸将健身与社交完美地结合起来，将这些重要的因素一起浓缩到你的日程中。
- 搭档可以充当你的第三只眼睛，纠正你的动作，为你的表现给出批评建议。

- 搭档可以帮助缓解多次重复动作的单调乏味，使其变得新鲜有趣、令人兴奋。
- 与搭档合作，可激励你将本书中的信息和知识传播给朋友与心爱的人。分享的同时，会增加你的自信心。

如何与搭档一起做拉伸训练

与拉伸的搭档一起，做本书中介绍的任意一种拉伸训练皆可。本章介绍的部分拉伸训练侧重一种叫做本体感觉神经肌肉促进(proprioceptive neuromuscular facilitation，PNF)的特殊技法。该技法将被动拉伸与等长收缩结合起来。PNF技法可自行完成，但搭档会对你有非常大的帮助。PNF技法有很多种不同方法，本书中我们将着重介绍保持-放松技法。

保持-放松技法

为了解保持—放松技法，我们先来了解一下如何与搭档一起做腘绳肌拉

选择你的搭档

如果你对互动式拉伸训练有所顾虑的话，你可以选择与训练有素的专业人士搭档，譬如与当地健身馆的私人教练或理疗师搭档，是非常不错的选择。当你对这些训练技法有把握了，可以试着与朋友或家人一起做拉伸。

体育活动是适合与人分享的。选择一个搭档、爱人、朋友、同事、亲戚——任何一个让你感觉舒心的人，一起来共度美好时光吧！

伸训练。

- 搭档将拉伸者伸出的腿移动到舒适但具挑战性的地方。持续此被动拉伸10秒。
- 然后，拉伸者用伸出的腿推动其搭档的手，等长收缩腘绳肌。搭档用力保持该腿静止不动。这就是"保持"的阶段，持续6秒。
- 然后，拉伸者"放松"。其搭档再将拉伸者的腿移动到下一个舒服但具挑战性的地方，这次持续30秒。第二次拉伸时，拉伸者伸出的腿的动作幅度应该比初次被动拉伸时大。

携手合作

搭档采用适当手段，控制整个拉伸过程。安全第一。为安全起见，本书仅侧重大块肌肉锻炼，如腿部和躯干。

记住：拉伸训练百利而无一害。

辅助蝶式拉伸

互动式拉伸

① 拉伸者：坐在地上，两脚脚跟放在一起，与身体中心保持舒适的间距。

② 拉伸者：上身前拉，直至感觉到腹股沟及大腿上部内侧有拉伸的感觉。然后，伸出双手，将双掌置于身前地上。

③ 搭档：站在拉伸者后方，双手放在拉伸者大腿膝盖附近。轻轻加压，保持10秒。

锻炼目标
- 髋部内收肌
- 大腿内侧

正确做法
- 搭档应谨慎缓慢协助拉伸者，并与之沟通

避免
- 搭档向前倾斜时双膝下压，加压于拉伸者大腿内侧

④ 两者都休息，然后重复动作，保持30秒。

⑤ 再次休息，然后再重复做一组该动作。

⑥ 转换角色，做两组整个动作。

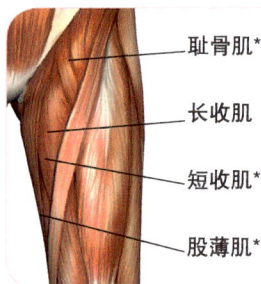

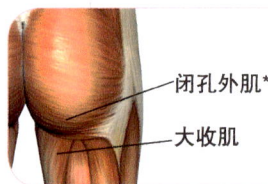

耻骨肌*

长收肌

短收肌*

股薄肌*

闭孔外肌*

大收肌

解析关键
黑色字体代表目标肌肉
*代表深层肌肉

最佳锻炼部位
- 长收肌
- 大收肌
- 短收肌
- 股薄肌
- 耻骨肌

辅助快乐宝贝

1 拉伸者：仰面平躺，两腿平行伸直，两臂伸直远离躯干，双掌朝上。

2 搭档：单腿跨过拉伸者身体，双脚贴近拉伸者胸腔上方的两侧。

最佳锻炼部位

- 臀大肌
- 臀中肌
- 臀小肌
- 梨状肌
- 多裂肌
- 股二头肌
- 半腱肌
- 半膜肌
- 竖脊肌

3 拉伸者：轻微屈膝弯曲双腿，逐次抬起单腿，使得搭档能抓住你的脚踝。从臀部抬起双腿。

4 搭档：把拉伸者的脚踝，绕过大腿，放到身前。保持20~30秒。

5 放松，然后再重复做一组该动作。

6 转换角色，做两组整个动作。

锻炼目标

- 臀部
- 大腿内侧
- 下背部

正确做法

- 搭档认真观察双脚踩着的位置
- 拉伸者弯曲双脚

避免

- 拉伸者屏住呼吸

变化练习

难度加大： 双手放在拉伸者弯曲的脚的底部，轻轻向下按压。

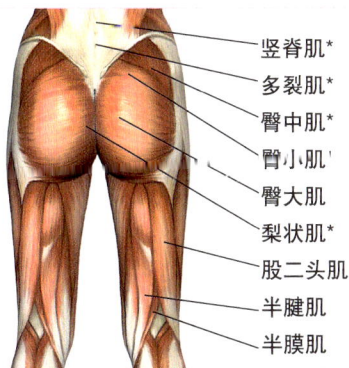

竖脊肌*
多裂肌*
臀中肌*
臀小肌*
臀大肌
梨状肌*
股二头肌
半腱肌
半膜肌

解析关键
黑色字体代表目标肌肉
*代表深层肌肉

辅助单侧大腿拉伸

互动式拉伸

❶ 拉伸者：面朝下平躺。

❷ 搭档：一只手握住拉伸者脚踝上方，另一只手握紧其胫骨，抓住拉伸者小腿。

❸ 搭档：朝拉伸者臀肌处轻屈小腿，直至拉伸者感觉到大腿前部的拉伸。保持10秒。

锻炼目标

- 髋部屈肌
- 腹股沟肌肉

正确做法

- 搭档轻微加压，不要强硬下压拉伸者的脚部，令其感到不适

避免

- 拉伸者屏住呼吸

❹ 拉伸者：当搭档给出适当阻力时，努力向后推动腿部6秒，然后休息。

❺ 搭档：再次朝拉伸者臀肌处轻屈小腿，直至拉伸者感觉到大腿前部的拉伸。保持30秒。

❻ 再次休息，然后再重复做一组该动作。

❼ 换腿，做两组重复动作。

❽ 转换角色，每一侧做两组整个动作。

髂腰肌*

髂肌*

耻骨肌*

缝匠肌

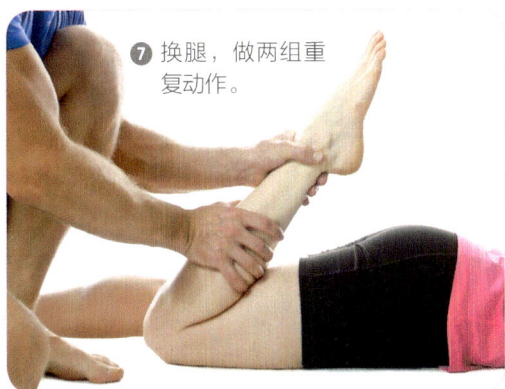

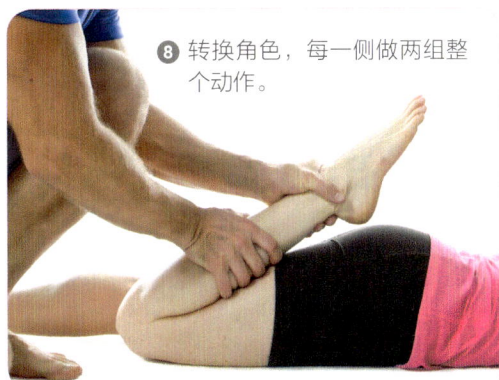

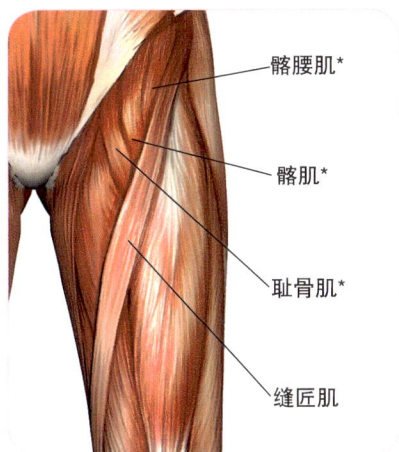

最佳锻炼部位

- 股直肌
- 髂腰肌
- 髂肌
- 缝匠肌
- 阔筋膜张肌
- 耻骨肌

解析关键
黑色字体代表目标肌肉
*代表深层肌肉

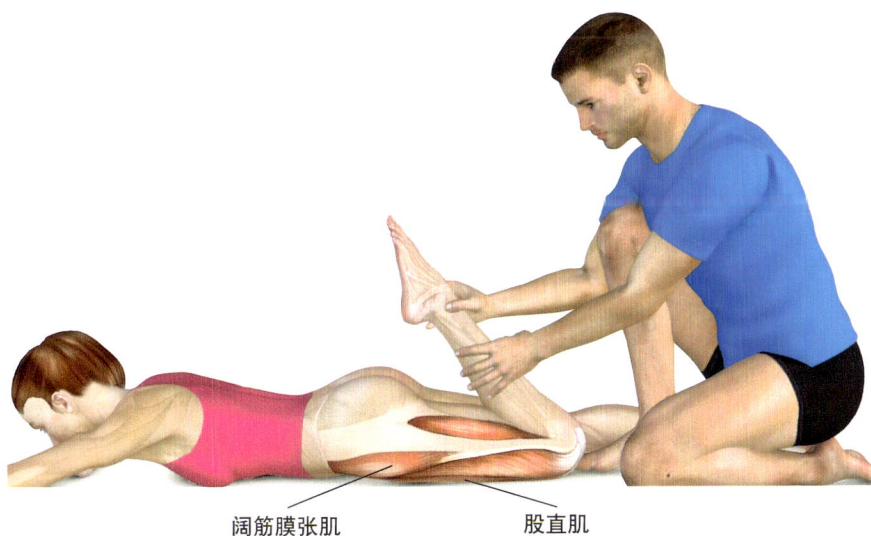

阔筋膜张肌

股直肌

辅助单侧抬腿

1 拉伸者：平躺，搭档站在右侧，面朝你。向上抬起右腿，以使搭档抓住右腿。

2 搭档：抓住拉伸者抬起的腿，调整好身体，使得拉伸者小腿下端正好放在你的右肩。另一只手放在拉伸者膝盖骨正上方大腿上。

3 搭档：朝拉伸者方向，稍微向前一步，提供适当的拉伸。保持10秒。

锻炼目标

- 腘绳肌
- 小腿
- 臀肌区域

正确做法

- 拉伸者注意尽量保持抬起的腿笔直

避免

- 拉伸者将臀肌抬离地面
- 拉伸者屏住呼吸

4 拉伸者：当搭档给出适当阻力时，向搭档肩膀推动你的腿部。保持6秒，然后休息。

5 搭档：再次朝拉伸者方向稍微向前一步，提供适当的拉伸。保持30秒。

6 再次休息，然后再重复做一组该动作。

7 转换角色，做两组整个动作。

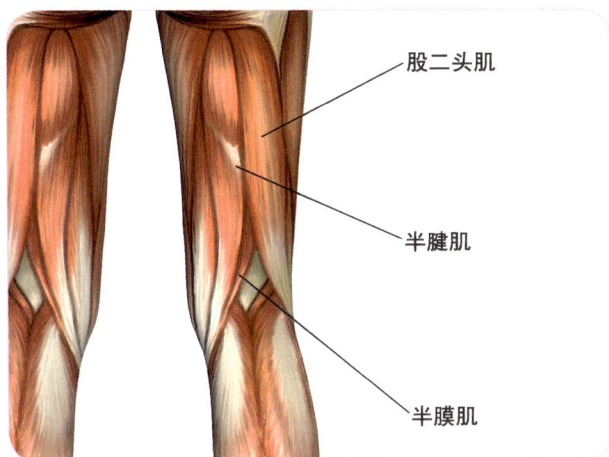

辅助单侧抬腿·互动式拉伸

股二头肌

半腱肌

半膜肌

专家建议

确保你的脚没有弯如镰刀。脚踝向内转时，大脚趾朝内指向另一只脚。

最佳锻炼部位

- 股二头肌
- 半腱肌
- 半膜肌
- 臀大肌
- 臀中肌
- 臀小肌
- 腓肠肌
- 比目鱼肌

解析关键
黑色字体代表目标肌肉
*代表深层肌肉

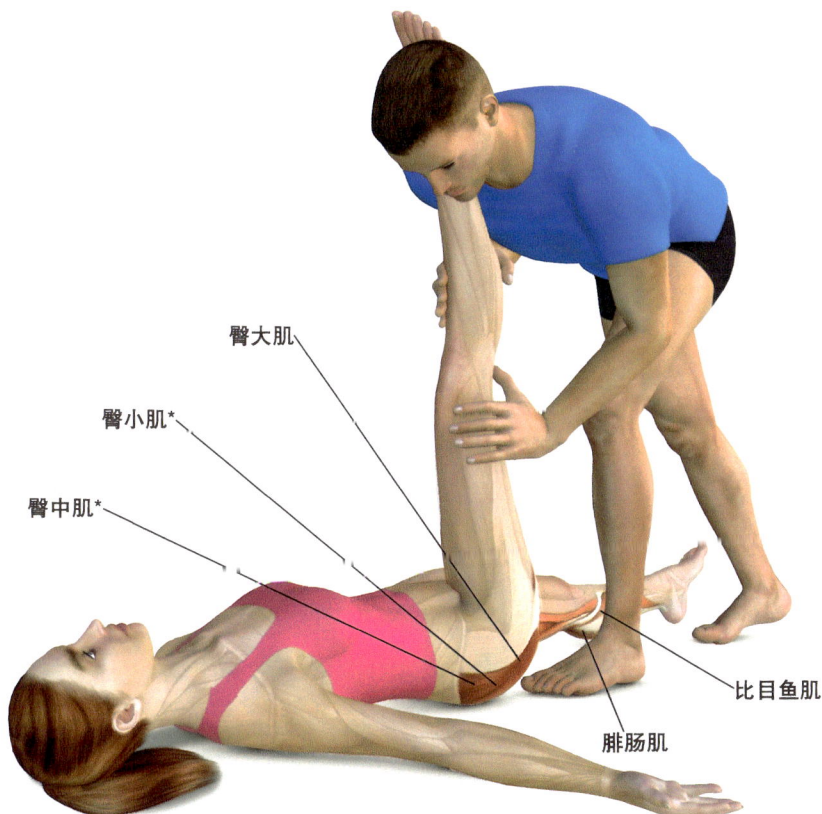

臀大肌

臀小肌*

臀中肌*

比目鱼肌

腓肠肌

辅助胸部拉伸

1 拉伸者：坐于地上，两脚脚跟靠在一起，与身体中心保持舒适的距离。双手在头部后面握紧。

2 搭档：站在拉伸者身后，轻微向内弯曲双膝，将双膝放在拉伸者中部胸椎边缘。

3 搭档：伸出手，绕过拉伸者头部，将前臂内侧放在拉伸者前臂上端及肱二头肌内侧。

锻炼目标

- 胸部
- 双肩

正确做法

- 搭档的双膝应放在拉伸者脊椎两侧，不要正好放在脊椎上

避免

- 搭档用双膝给拉伸者后背施加太多压力。双膝仅用于帮助保持平衡

4 搭档：朝自己拉拉伸者双臂，同时双膝仍然置于中部胸椎保持平衡。保持10秒，然后放松。

5 拉伸者：搭档提供适当阻力。拉伸者逆着阻力推动双臂。保持6秒，然后休息。

6 搭档：再次朝自己拉拉伸者双臂，同时双膝仍然置于中部胸椎保持平衡。保持30秒。

7 再次休息，然后再重复做一组该动作。

8 转换角色，做两组整个动作。

最佳锻炼部位

- 胸大肌
- 胸小肌
- 三角肌前束

沟通

沟通是任何关系的关键。与拉伸搭档的合作中，沟通也至关重要。拉伸者必须告知拉伸的感觉，包括适当与不适的感觉。搭档必须去询问及了解拉伸者的感觉。

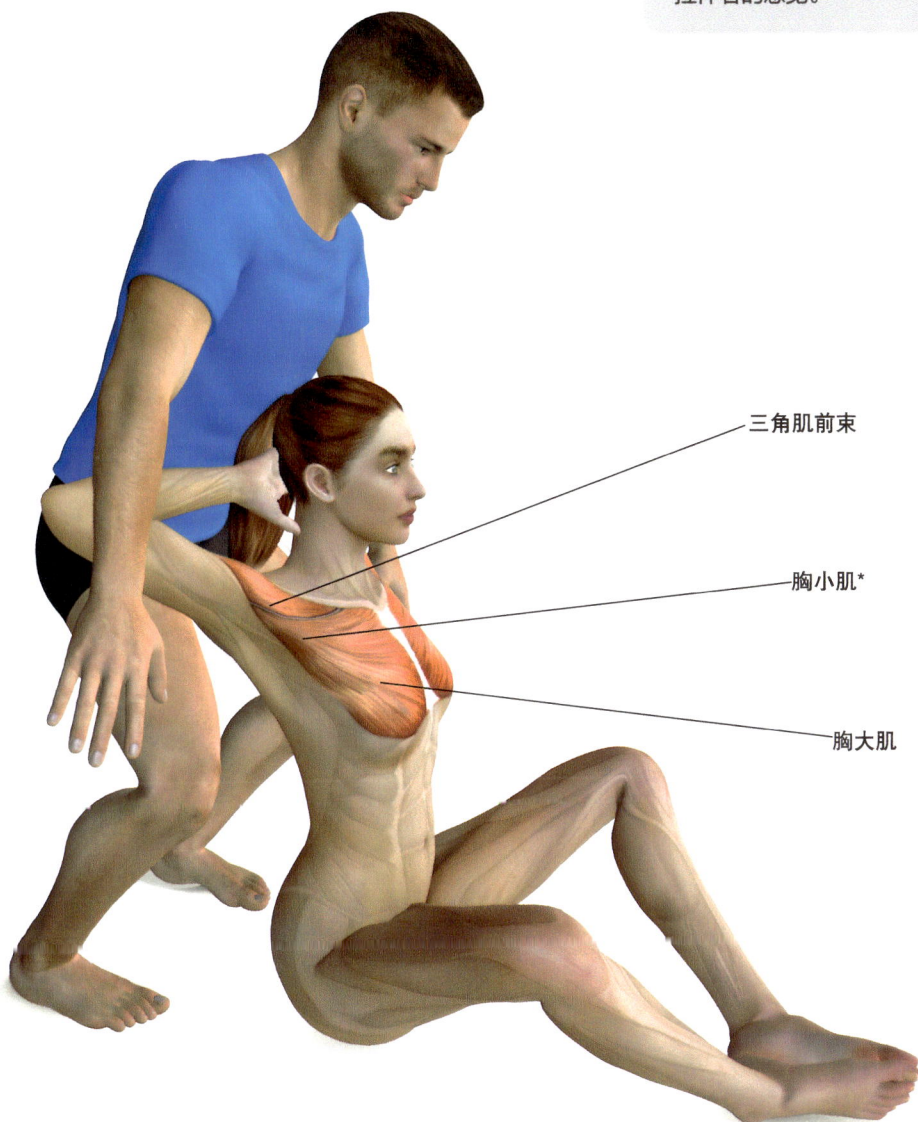

三角肌前束

胸小肌*

胸大肌

解析关键

黑色字体代表目标肌肉
*代表深层肌肉

辅助坐式前屈

❶ 拉伸者：坐在地上，双腿平行伸至身体前方，双脚放松弯曲。将上身重心移至大腿。

最佳锻炼部位

- 股二头肌
- 半腱肌
- 半膜肌
- 多裂肌
- 竖脊肌
- 腓肠肌
- 比目鱼肌
- 菱形肌

锻炼目标

- 腘绳肌
- 下背部
- 上背部
- 小腿

正确做法

- 拉伸者弯曲双脚可做更深的拉伸。可以的话，双手伸到脚跟末端附近
- 拉伸者保持前臂放在膝盖骨上方

避免

- 搭档向下弹震——所有动作都应该稳定、温和

❷ 搭档：站在拉伸者身后，屈腿，胫骨轻轻伏在拉伸者下背部。双手手掌放在拉伸者的肩胛处。

❸ 搭档：用双手和胫骨轻微加压，让拉伸者舒适地拉伸。保持20～30秒。

❹ 放松，然后再重复做一组该动作。

❺ 转换角色，做两组整个动作。

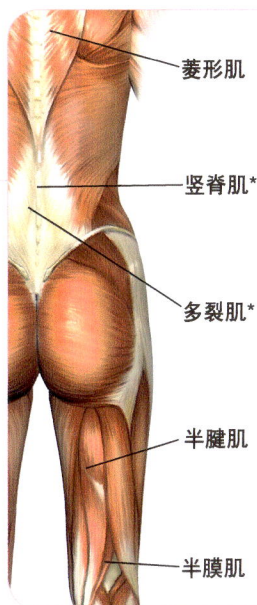

菱形肌

竖脊肌*

多裂肌*

半腱肌

半膜肌

解析关键
黑色字体代表目标肌肉
*代表深层肌肉

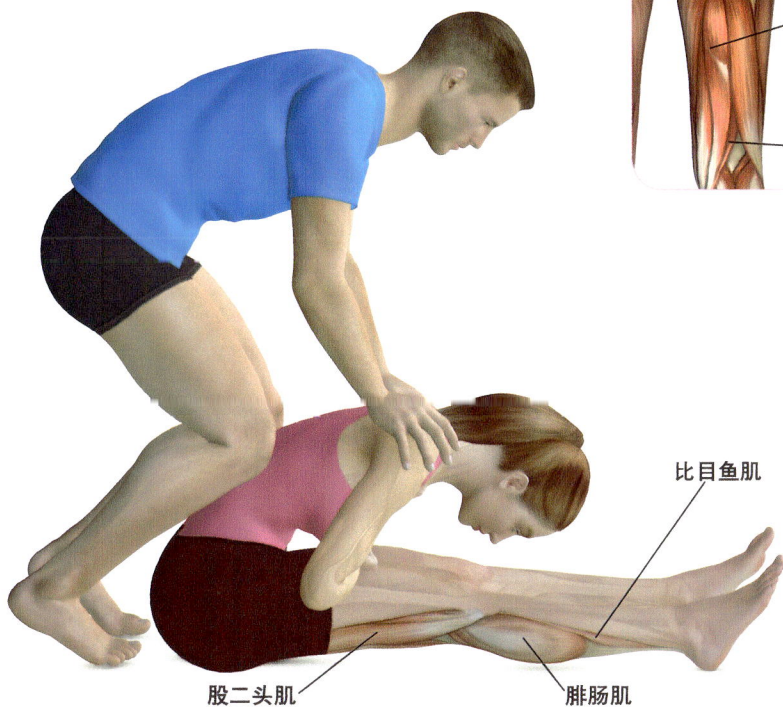

比目鱼肌

股二头肌

腓肠肌

辅助婴儿式

① 拉伸者：臀部轻倚脚跟，跪着。

② 拉伸者：双膝稍稍移向两侧，双臂前伸，双手手掌贴地。

③ 搭档：站在拉伸者前方，然后一只脚移至拉伸者肩部附近。俯身，将双掌放在拉伸者大腿侧。

锻炼目标

- 髋部内收肌
- 大腿内侧
- 下背部
- 中胸椎

正确做法

- 拉伸者前额放在毛巾或垫子上

避免

- 未经拉伸者允许，搭档施加太多压力

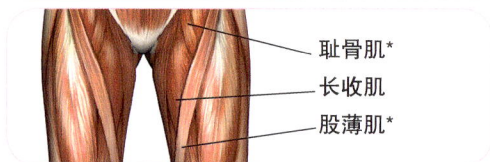

④ 搭档：轻轻缓慢地朝拉伸者后下方施加轻微压力。保持20～30秒。

⑤ 放松，然后再重复做一组该动作。

⑥ 转换角色，做两组整个动作。

耻骨肌*
长收肌
股薄肌*

背阔肌
竖脊肌*
多裂肌*
闭孔外肌*
大收肌

最佳锻炼部位

- 长收肌
- 大收肌
- 股薄肌
- 耻骨肌
- 闭孔外肌
- 多裂肌
- 竖脊肌
- 背阔肌

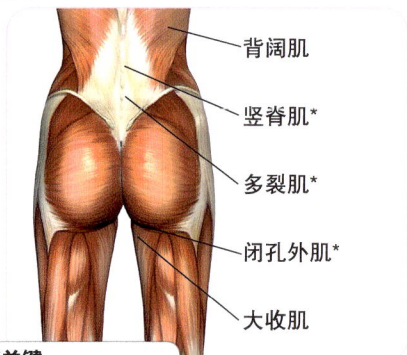

解析关键

黑色字体代表目标肌肉
*代表深层肌肉

辅助椒盐卷饼拉伸

① 拉伸者：仰面平躺，双腿平行伸直。双臂展开，远离躯干，掌心朝上。

② 拉伸者：屈右腿，脚底贴地。

③ 搭档：跪在拉伸者右面。

④ 拉伸者：小心抬起臀部，倾斜躯干，左移5~7厘米。

⑤ 拉伸者：十字交叉，弯曲右腿，移至左侧。

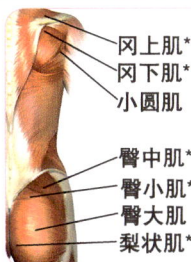

冈上肌*
冈下肌*
小圆肌
臀中肌*
臀小肌*
臀大肌
梨状肌

解析关键
黑色字体代表目标肌肉
*代表深层肌肉

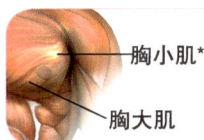

胸小肌*
胸大肌

锻炼目标

- 肩部
- 臀肌区域
- 胸部

最佳锻炼部位

- 冈上肌
- 冈下肌
- 小圆肌
- 臀大肌
- 臀中肌
- 臀小肌
- 梨状肌
- 胸大肌
- 胸小肌

正确做法

- 拉伸者尽量保持双肩胛与地接触
- 拉伸者保持双肘与手腕低于肩部——如此可保护肩袖

避免

- 搭档施加不必要的压力——只需要适当加压，以实现拉伸者希望得到的自我拉伸

⑥ 搭档：左手放在拉伸者右肩上，右手放在拉伸者膝盖上。用左手，轻轻向下按压拉伸者右肩，右手向下按压拉伸者右膝。保持30秒。

⑦ 放松，然后再重复做一组该动作。

⑧ 转换角色，做两组整个动作。

俄罗斯式劈叉

1 拉伸者：坐直，双腿展开，在舒适的前提下越宽越好。双脚微屈，双腿从臀部伸出，使得脚尖朝上。

2 拉伸者：坐骨贴地。

3 搭档：面朝拉伸者坐在地上，双腿向两侧伸出，使得脚底靠在拉伸者内侧脚踝上。

锻炼目标

- 腘绳肌
- 髋部内收肌

正确做法

- 拉伸者尽量保持背部平直，挺胸，颈部伸直使整个脊椎成一条直线

避免

- 拉伸者和搭档皆屏住呼吸

专家建议

拉伸者需注重利用放在你脚踝上的搭档的双脚，来帮助你从臀部劈叉。

4 搭档：伸出双手，抓住拉伸者的双手。

⑤ 搭档：带着拉伸者一起，身体稍稍向后倾斜。保持 20～30秒。

⑥ 放松，然后再重复做一组该动作。

⑦ 转换角色，做两组整个动作。

闭孔外肌*

半腱肌

半膜肌

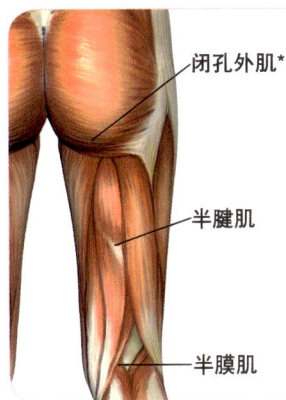

最佳锻炼部位

- 股二头肌
- 半腱肌
- 半膜肌
- 长收肌
- 大收肌
- 股薄肌
- 耻骨肌
- 闭孔外肌

解析关键
黑色字体代表目标肌肉
*代表深层肌肉

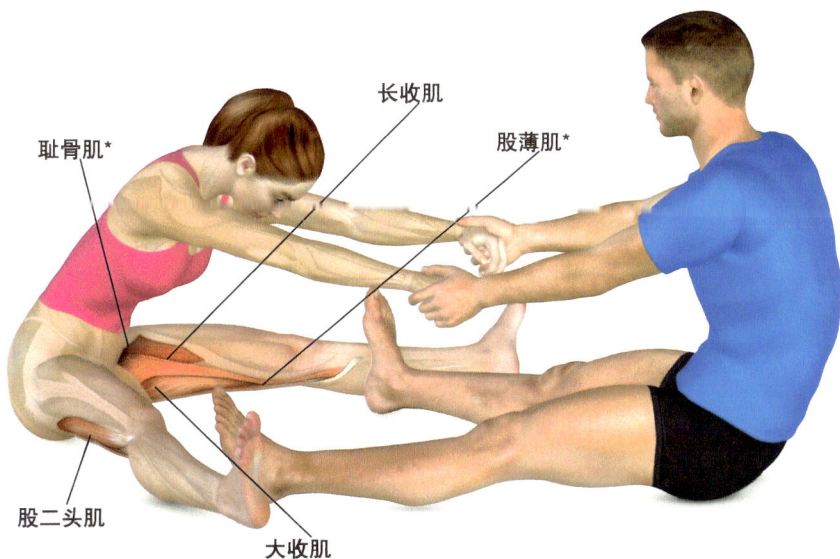

长收肌

耻骨肌*

股薄肌*

股二头肌

大收肌

孕产期拉伸

当你身怀六甲时，应该开始或继续拉伸锻炼吗？答案是响当当的——"是"。

分娩前期，准妈妈的身体会发生一系列变化，包括身体重心的转移、身体姿态的重新调整，以及关节、韧带和肌肉的变松。怀孕给身体带来的许多变化，可导致你自身的疼痛、辛苦、行动不便或不协调。而拉伸可以帮助你保持身体灵活贯通，并且有助于减轻孕期疼痛苦楚，保持柔韧灵活。

变化的身体

孕期最显而易见的变化之一是身体重心的转移，胸部、下背部和臀部肌肉随之变紧。侧重于身姿和平衡的拉伸，是克服此种紧绷的极好方法。

孕期中，女性身体荷尔蒙松弛素水平上升。据称，这种荷尔蒙会使骨盆的耻骨联合松弛，从而促进分娩。产后三个月内也会产生此种荷尔蒙。它会使肌肉和韧带松懈，并且使孕妇和新妈妈们易受过度拉伸伤害。小产后松弛素水平也会上升。因而，超过正常、健康程度的拉伸会使你处于危险中。

孕期拉伸

对大多数正常孕育的健康女性来说，拉伸有众多益处，包括：

- 使身体松弛，益于分娩；
- 可练习吸气、呼气；
- 有助于缓解紧张。

产后

宝宝出生后，你的身体会再度发生变化。定期进行拉伸锻炼可帮助你纠正身体变化。拉伸锻炼还可缓解照顾婴儿所致的身体疼痛与僵硬。譬如，经常抱着婴儿会使你颈部极其僵硬。定期进行颈部拉伸（见第76、77页），可以保持颈部放松。

花费一些时间，迎合自身需求，进行产后拉伸锻炼重新调整你的肌肉群，帮助你免受伤害、减少压力，并重塑自我形体。

"返老还童"

遵循以下几点简易的饮食指南，你完全可以恢复至产前形体，甚至可以更棒。

• 享用营养丰富的饮食。与婴儿一起，健康饮食往往很难做到。因此，提前准备，享用现成的营养快餐。

• 食用高蛋白食物。蛋白质会帮助你产生必需的肌肉力量，使你的锻炼更加强劲有力，从而加速新陈代谢，有助于减轻体重。

• 食用高纤维食物。富含纤维的食物，会让你很快就有饱腹感。纤维还可帮助体内的脂肪进入消化系统。

欲真正做到"返老还童"，需要开始一套完整的锻炼项目，包括塑身运动、心血管锻炼以及拉伸练习。不要仅仅进行仰卧起坐，还要搭配高强度活动，譬如骑自行车、跳绳、游泳和跑步。

分娩前后安全拉伸

从事任何类型的锻炼项目前，咨询医师，并由医师监督锻炼。记住：尽管拉伸锻炼对你变化的身体益处无穷，但你锻炼时必须倍加小心。

• 拉伸过程中，禁止弹震。弹震会引起严重损伤。应避免过度拉伸。

• 妊娠晚期时，仰面平躺的拉伸练习可导致气息不足和头晕目眩。因此，在你做此锻炼前，请咨询医生。

• 对产后拉伸而言，应侧重做那些双腿不需要张开的体式的拉伸。

• 产后三个月内，避免盘腿坐，并且避免双腿蝶式展开。尽量保持双膝合拢。

躯干旋转

① 坐在地上，双腿前伸分开，稍宽于肩。

② 双手靠在身后地上，轻微向后倾斜。

锻炼目标

- 胸椎中部
- 下背部
- 腹斜肌

正确做法

- 向右拉伸时，朝身后右后方伸手。反之亦然
- 支撑的肘部保持轻微弯曲
- 保持双脚紧贴地面，两腿平行，挺胸

避免

- 朝双耳提肩，欲保持颈部伸直

③ 慢慢向上抬起左臂，至头部稍前一点的地方，肘微屈，掌心向内。

④ 转头，左臂右移，同时目视右方，瞄准身体稍后一点的那只手，肋骨和背部产生轻微拉伸。

5 恢复到开始姿势，换侧，重复以上动作。

最佳锻炼部位

- 菱形肌
- 背阔肌
- 腹外斜肌
- 腹内斜肌
- 竖脊肌

专家建议

想好提起的手臂的位置。手臂应该在头部稍前一点的地方，肘部轻微弯曲，你会感觉到能量由手指发出。

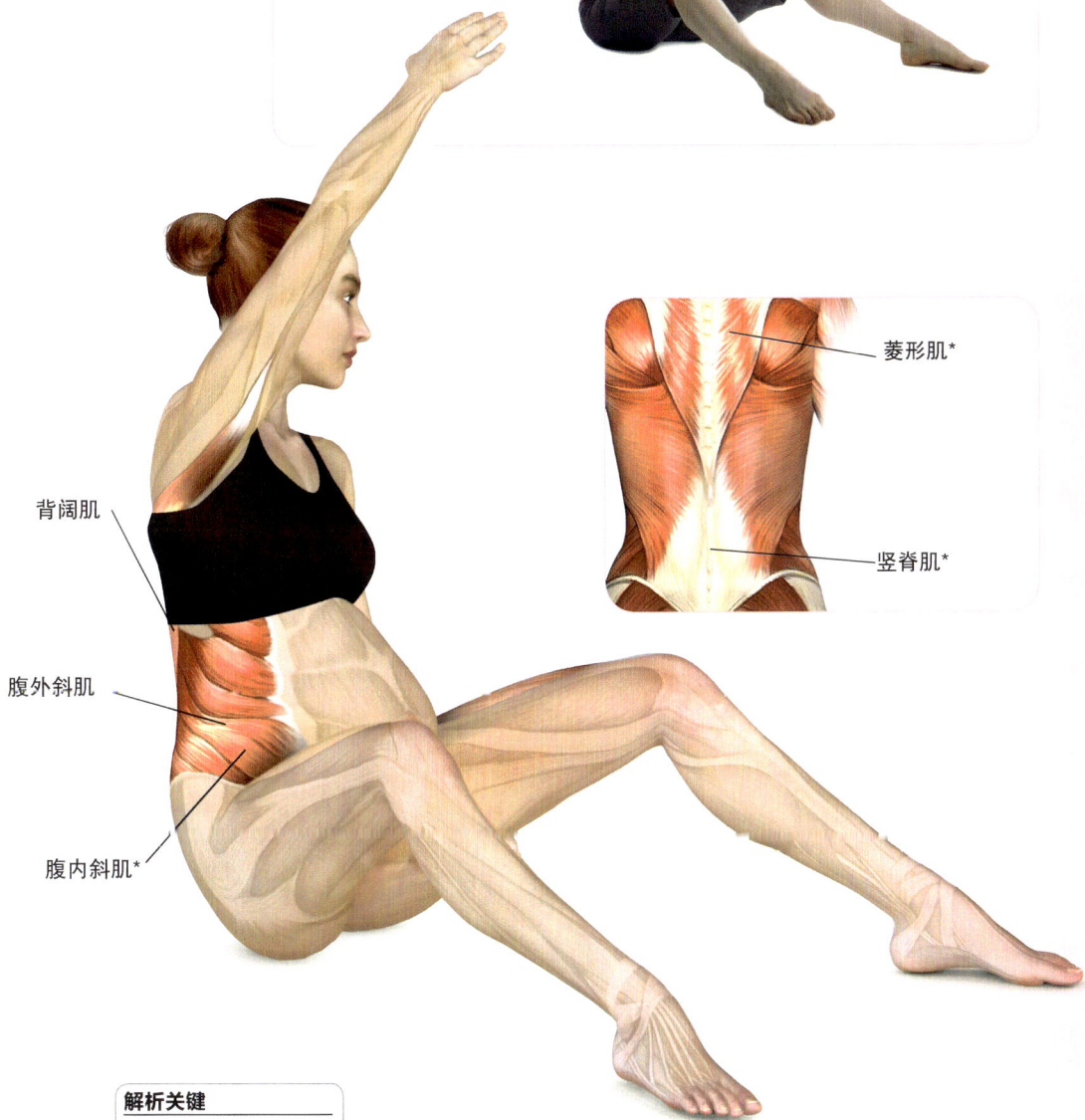

背阔肌

腹外斜肌

腹内斜肌*

菱形肌*

竖脊肌*

解析关键

黑色字体代表目标肌肉
*代表深层肌肉

手触膝式拉伸

① 坐在地上，两腿伸至身前，双脚放松，轻微弯曲。屈右腿，脚底靠在左侧大腿内侧。

② 双掌放在左侧大腿膝盖附近。

③ 朝左腿轻轻倾斜，直至你感觉到腘绳肌处有舒适的拉伸。

④ 恢复到开始姿势，换另一侧，重复以上动作。

专家建议

下颌比平时稍微抬高，可保持颈部伸直。

锻炼目标

- 下背部
- 腘绳肌
- 小腿

正确做法

- 挺胸
- 尽量减小伸出的腿的膝盖骨下空隙
- 朝双耳相反方向，轻微下沉双肩。如需要，可将一只手放在下背部，以防止扭伤

避免

- 弯曲的膝盖抬起及紧张

最佳锻炼部位

- 股二头肌
- 半腱肌
- 半膜肌
- 竖脊肌
- 多裂肌
- 腓肠肌
- 比目鱼肌

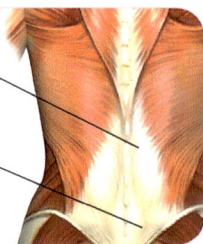

竖脊肌*

多裂肌*

解析关键

黑色字体代表目标肌肉
*代表深层肌肉

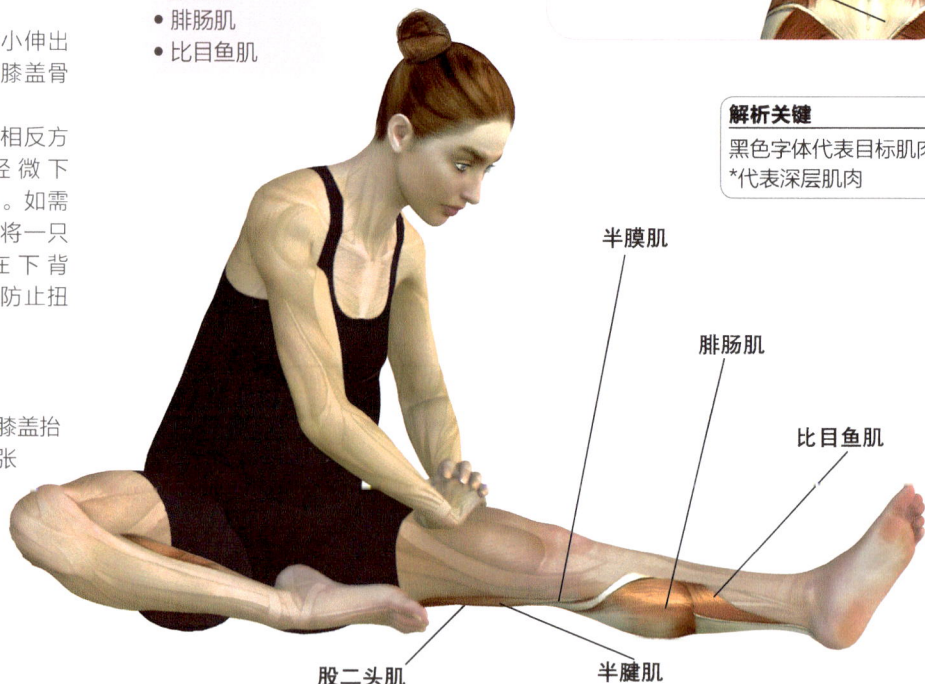

半膜肌

腓肠肌

比目鱼肌

股二头肌

半腱肌

卧式骨盆倾斜

① 双膝弯曲，仰面平躺。双脚平直贴于地面，双腿平行。

② 双手自然地放在腹部。

③ 谨慎缓慢地拱起下背部。

④ 向前收骨盆，由此使下背部变平贴于地面。

⑤ 恢复到开始姿势，如果愿意，可重复以上动作。

锻炼目标

• 下背部

正确做法

• 保持胸部稍稍抬起
• 放松下巴
• 锻炼过程中，自然呼吸

避免

• 妊娠晚期做此拉伸锻炼
• 妊娠初期和中期，应谨慎地做此锻炼。倘若感觉不适，立即停止锻炼

最佳锻炼部位

• 竖脊肌
• 多裂肌

解析关键

黑色字体代表目标肌肉
*代表深层肌肉

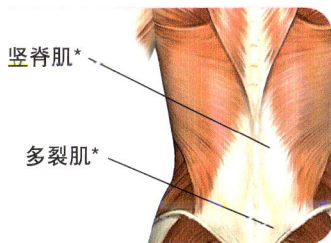

竖脊肌*

多裂肌*

晨起醒神单侧拉伸

❶ 身体直立，两脚分开，与肩同宽。轻微屈膝并向前收骨盆，挺胸，轻轻向下沉肩，使之远离双耳。

❷ 右手放在大腿上部，左手向上伸，掌心朝内。

❸ 小心地向右倾斜。

❹ 恢复到开始姿势，换另一侧，重复以上动作。

锻炼目标
- 颈部
- 肩部
- 肋骨

正确做法
- 微抬下巴，保持头部与脊椎成一条直线

避免
- 移动下半身

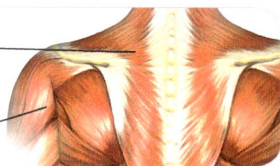

斜方肌

三角肌后束

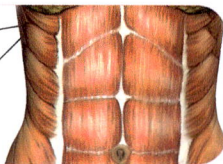

肋间内肌*

肋间外肌*

专家建议
笔直站立或倾斜拉伸时，确保头部与抬起的手间距保持不变。

最佳锻炼部位
- 斜方肌
- 肋间外肌
- 肋间内肌
- 三角肌后束

解析关键
黑色字体代表目标肌肉
*代表深层肌肉

猫式拉伸

① 四肢着地跪着，双手分开与肩同宽，双膝展开，间距5～7厘米。

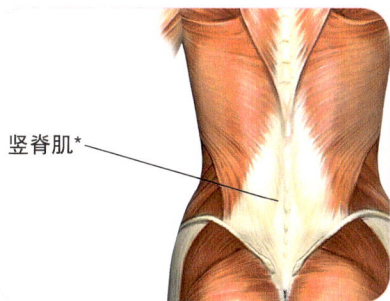

竖脊肌*

解析关键

黑色字体代表目标肌肉
*代表深层肌肉

最佳锻炼部位

- 竖脊肌

② 朝脊椎方向，向内拉肚脐，向上拱起脊椎。同时保持臀部翘起，双肩不动。

③ 在高处保持此拉伸，然后恢复到原位。

锻炼目标

- 背部

正确做法

- 双手与双膝下推，以实现最大限度的收缩

避免

- 拉近颈部与肩部
- 过度拉伸下背部或双臂
- 屏住呼吸

下犬式

❶ 身体直立，两脚分开，与肩同宽。轻微屈膝并小心地俯下身来，手指触地。

❷ 轻微屈膝并向前收骨盆，挺胸，向后下方沉肩。

锻炼目标

- 腘绳肌
- 小腿
- 背部
- 上臂
- 胸部
- 跟腱
- 臀肌区域

正确做法

- 始终保持整只手完全贴于地面，以避免腕关节过度紧张
- 保持头部与脊椎成一条直线
- 保持背部平直，胸部抬起

避免

- 屏住呼吸。应放松下巴，自然呼吸

经典拉伸

下犬式是一种知名的体式，可减轻颈部、腿部、小腿、肩部和下背部僵硬，也有助于肺部二氧化碳的排放，为氧气的进入释放空间，使全身焕然一新。

下犬式通过拉伸颈椎与颈部，还可减少孕期常见的颈部紧张与疼痛。

❸ 向上抬起尾骨，同时双手缓慢向前"走"。

④ 朝地面下压脚踝，伸直双腿使身体呈"∨"字形，同时
　收缩大腿。打开胸部和肩部，头部放在两臂之间。

最佳锻炼部位

- 胸大肌
- 胸小肌
- 前锯肌
- 肱三头肌
- 三角肌后束
- 肋间内肌
- 肋间外肌
- 股二头肌
- 半腱肌
- 半膜肌
- 竖脊肌
- 腓肠肌
- 比目鱼肌
- 臀大肌

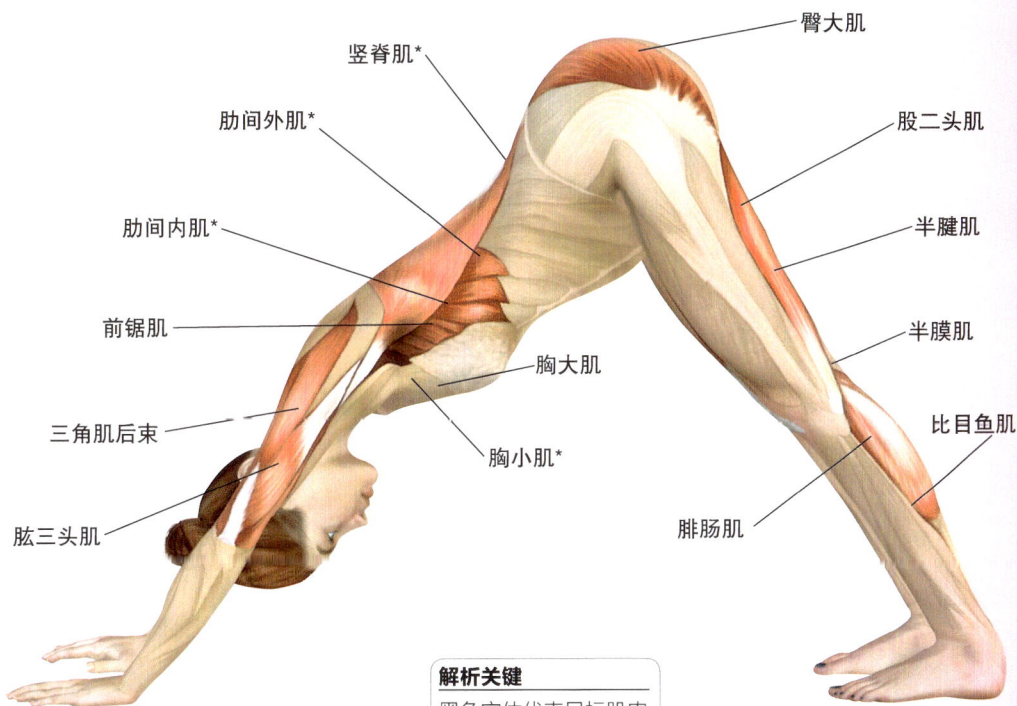

竖脊肌*

肋间外肌*

肋间内肌*

前锯肌

三角肌后束

肱三头肌

臀大肌

股二头肌

半腱肌

半膜肌

比目鱼肌

腓肠肌

胸大肌

胸小肌*

解析关键
黑色字体代表目标肌肉
*代表深层肌肉

办公室拉伸

我们中许多人的大部分工作时间，都是坐在办公桌前注视着电脑屏幕。还有一些人成天站着，一遍又一遍地重复着相同的动作。拉伸训练可帮助减少此类工作带来的身体僵硬与不适。

工作与健康

身体是革命的本钱。与身体状况欠佳的人相比，身体健康的人能更好应对繁重的工作负荷和其他紧张的状况，更能应对工作压力，因此工作起来更有效率。

在办公室做开合跳，似乎不太可行。但我们中几乎所有的人都可以在一天中腾出几分钟，做一些本章介绍的拉伸训练。该类拉伸可围绕办公椅进行，简易可行且不引人注意，会使你焕发活力。

可以做整套拉伸训练，也可以做单组训练。每练习30分钟休息30~60秒。将拉伸训练分成几组，全天下来，做上几组拉伸练习。

工作期间如果有更多时间练习的话，按照办公室拉伸训练（第131页）做，将使你的身心能量倍增。

办公椅，还是健身球？

如今，许多公司允许员工将常规的办公椅换成健身球或专业的平衡球椅子。此类椅子可避免久坐不动的办公环境带来的负面影响。与被动地坐在稳固的座位上不同，为防止从活动的球上掉下来，你的核心部位—腹肌、腹斜肌和下背部，需要不停地活动，由此也保持了正确的坐姿。

办公室拉伸动作

1 两侧均保持10秒。

颈部侧倾（第76页）

2 保持20秒。

颈后拉伸（第77页）

3 两组动作，保持5秒。

狮式拉伸

（第75页）

4 三组动作，保持10秒。

眼眶拉伸（第75页）

5 两侧均保持10秒。

前臂拉伸（第82、83页）

6 保持20秒。

晨起醒神拉伸（第72、73页）

7 两侧均保持20秒。

墙壁辅助式胸部拉伸（第80、81页）

8 保持20秒。

站立背卷式（第71页）

9 两侧均保持20秒。

站立股四头肌拉伸（第86页）

10 两侧均保持20秒。

脚趾朝上小腿拉伸（第85页）

11 保持20秒。

触趾式拉伸（第70页）

12 保持20秒。

相扑蹲（第88、89页）

13 两侧均保持20秒。

侧倾相扑蹲（第90、91页）

坐式旋转

① 在椅子上坐直，双腿分开，双脚用力踩在地上。

最佳锻炼部位

- 腹外斜肌
- 腹内斜肌
- 背阔肌

② 保持背部笔直，胸部打开，向右旋转躯干。

③ 恢复到开始姿势，在另一侧重复以上动作。

锻炼目标

- 腹斜肌
- 胸椎中部

正确做法

- 保持下半身静止不动，从髋部旋转

避免

- 向侧面旋转时，臀部从椅子上抬起

解析关键

黑色字体代表目标肌肉
*代表深层肌肉

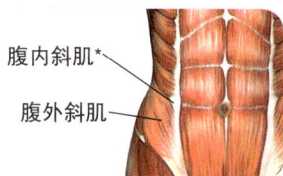

腹内斜肌*

腹外斜肌

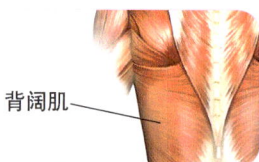

背阔肌

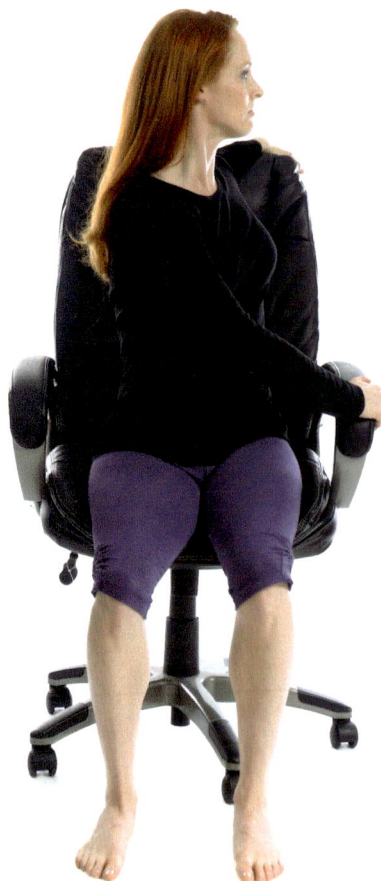

4字形坐式

① 在椅子上坐直，双腿分开，双脚用力踩在地上。

② 右脚踝放在左膝上。

最佳锻炼部位

- 梨状肌
- 臀大肌
- 臀中肌
- 臀小肌
- 竖脊肌
- 股方肌

③ 从臀部向前倾斜，直至感觉到臀部和下背部有拉伸。

④ 恢复到开始姿势，左腿盘在右腿上，重复以上动作。

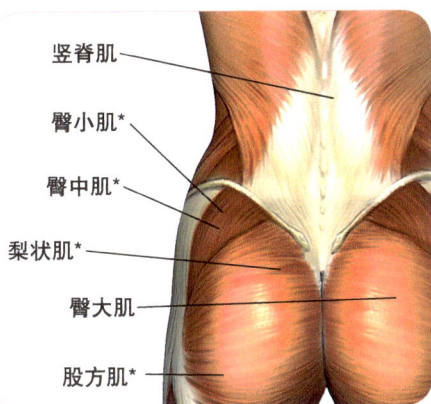

竖脊肌
臀小肌*
臀中肌*
梨状肌*
臀大肌
股方肌*

锻炼目标
- 臀肌区域

正确做法
- 弯曲幅度以舒适为准

避免
- 向前倾斜时，臀部从椅子上抬起

变化练习
难度加大： 自步骤3起，向前深度下腰，手指触到身前地面。

髋部打开躯干前屈

❶ 在椅子上坐直，双腿大幅度展开，双脚用力踩在地上。

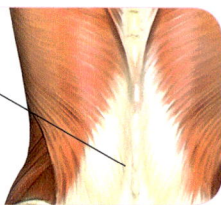

竖脊肌*

❷ 保持双膝弯曲，胸部靠近两侧大腿，双手靠地。

❸ 保持向下的体姿，然后恢复到开始姿势，重复以上动作。

锻炼目标

- 背部
- 大腿内侧

正确做法

- 前倾时，臀部不要离开椅子

避免

- 头部下降太快；应保持运动缓慢进行，且处于操控之中

最佳锻炼部位

- 髂腰肌
- 髂肌
- 耻骨肌
- 缝匠肌
- 竖脊肌

解析关键

黑色字体代表目标肌肉
*代表深层肌肉

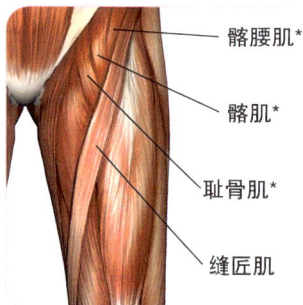

髂腰肌*

髂肌*

耻骨肌*

缝匠肌

变化练习

难度加大：自步骤2起，伸直腿部，向上勾起脚尖。

腿部双铰链

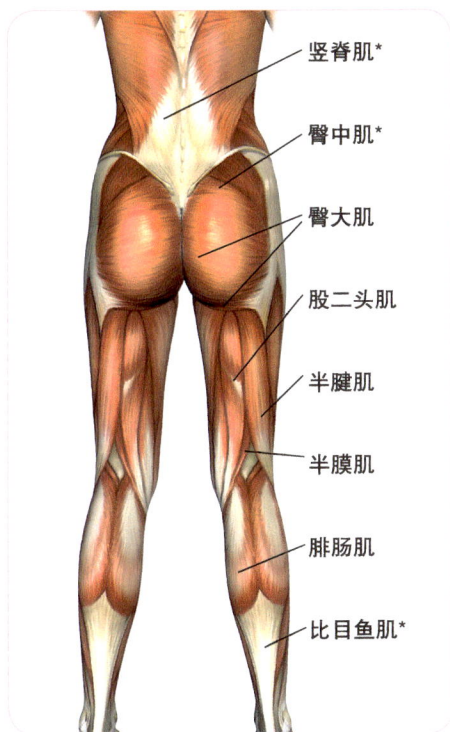

- 竖脊肌*
- 臀中肌*
- 臀大肌
- 股二头肌
- 半腱肌
- 半膜肌
- 腓肠肌
- 比目鱼肌*

解析关键

黑色字体代表目标肌肉
*代表深层肌肉

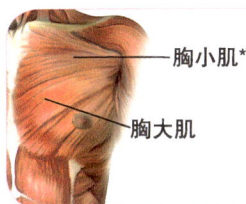

- 胸小肌*
- 胸大肌

最佳锻炼部位

- 胸大肌
- 胸小肌
- 臀大肌
- 臀中肌
- 股二头肌
- 半腱肌
- 半膜肌
- 竖脊肌
- 腓肠肌
- 比目鱼肌

❶ 站在椅子后，双脚平行，双脚间距远宽于肩。稍稍屈膝并向前收骨盆，挺胸，向后下方压肩。

❷ 保持背部平直，从髋部前屈，抓住椅背。双臂与腿呈90度角。

❸ 保持手部姿势，设法带动上半身接近地面。

❹ 放松，重复以上动作。

锻炼目标

- 胸部
- 腘绳肌
- 下背部
- 臀肌区域
- 小腿

正确做法

- 保持胸部抬起
- 从髋部前屈时呼气

避免

- 紧拉颈部或肩部
- 上半身不必要的紧张——需放松，自然吸气呼气

腘绳肌支撑拉伸

❶ 站在椅子前，双脚平行，双脚间距与肩同宽。稍稍屈膝并向前收骨盆，挺胸，向后下方沉肩。

最佳锻炼部位

- 股二头肌
- 半腱肌
- 半膜肌
- 竖脊肌
- 腓肠肌
- 比目鱼肌

锻炼目标

- 腘绳肌
- 小腿

正确做法

- 保持后背笔直，胸腔打开，挺胸

避免

- 弹震以实现更深的拉伸

❷ 右腿放在椅子座位上。

❸ 双手放在膝盖附近大腿上。

❹ 保持左腿和背部不要弯，胸部朝大腿下放。

❺ 恢复到开始姿势，在另一侧重复以上动作。

解析关键
黑色字体代表目标肌肉
*代表深层肌肉

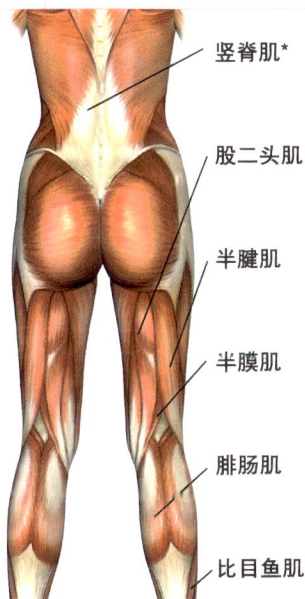

竖脊肌*

股二头肌

半腱肌

半膜肌

腓肠肌

比目鱼肌

变化练习
难度加大：自步骤4起，双手下滑至抬起的脚部，胸部对准膝盖。

泡沫轴拉伸

了解以下事实或许能为你节省大量时间：当拉伸存在结节的肌肉时，你只是在拉伸健康的肌肉组织，并未触及肌肉结节。为放松肌肉中的结节，按摩推拿至关重要。当然，最好是按摩师专业的按摩，但运用泡沫轴进行自我按摩也同样有效。在放松结节肌肉时使用泡沫轴的技法，称作自我肌筋膜释放 "SELF-MYOFASCIAL RELEASE"（SMFR）。

泡沫轴的益处

使用泡沫轴做自我肌筋膜释放，有很多益处，包括：

- 泡沫轴帮助你控制放在问题部位的压力大小；
- 泡沫轴相对不贵；
- 小的泡沫轴，便于携带；
- 拥有泡沫轴，可以随时随地做按摩。

泡沫轴的使用

欲正确使用泡沫轴，你需要控制放在泡沫轴上的体重，生成合适的压力，以消散身体上的问题点，也称"扳机点"。

为何要按摩？

拉伸锻炼前，按摩肌肉（或肌肉群）有许多益处，包括：

- 从肌肉中排出代谢废物，如乳酸，有助于减轻运动后疼痛及僵硬；
- 增加血液流动，促进循环；
- 帮助肌肉热身；
- 放松肌肉。

- 在僵硬、疼痛部位前后滚动约60秒后，休息10秒，然后再重复练习。
- 滚动过程中，保持腹肌适当的稳定性（轻微收缩），以保护你的核心部位（下背部、骨盆和髋部）。
- 整个锻炼过程中，缓慢自然地呼吸，以减少滚动不当引起的过度拉伸。
- 避免在多骨区域滚动。
- 一周做三次泡沫轴拉伸，以避免僵硬及损伤。随意在任何僵硬或结节区域滚动，一天做两三次。还可以在肌肉结节前，在扳机点上使用泡沫轴。
- 泡沫轴按摩练习期间，再做一些适当的拉伸，以锻炼你关注的肌肉。

肌筋膜治疗球

肌筋膜治疗球算是最廉价的物理治疗仪器了。一个小球，如网球，携带方便，即使是在办公环境下，也能用来按摩。

用球按摩的原因很多：它可缓解身体疼痛与压力，使身体更加柔软，并且帮助减少腿部和小腿肌肉抽筋，尤其是对穿不舒适的高跟鞋的女性来说更为实用。

考虑利用网球按摩小腿、腘绳肌、臀肌、股四头肌和背部。

足部网球按摩

❶ 舒服地坐在椅子上。将球放在右足心底部，足弓下方。

❷ 从脚趾球到脚跟，一路前后滚动球。然后在足弓下前后滚动球。感觉不适的区域，多滚动几次。持续60秒，休息，然后重复。

❸ 换脚，重复整组动作。

ITB滚动

❶ 面朝泡沫轴，竖直跪下，双膝离泡沫轴后数厘米远。

专家建议

倘若感觉到锻炼部位疼痛，停止滚动并在该部位停留休息30~45秒。

❷ 四肢着地，前倾，双手放在泡沫轴前约一尺远的地方。

最佳锻炼部位

- 股直肌
- 股外侧肌
- 股内侧肌
- 股中间肌
- 髂胫束

锻炼目标

- 髂胫束
- 股四头肌

正确做法

- 调整双手和弯曲的腿一侧足部的承重，减轻放在目标肌肉处的压力，以获得适当的锻炼强度
- 如果需要的话，将双肘放在地上，以增加支撑
- 着重放松大腿外侧

避免

- 屏住呼吸

❸ 身体向前，把大腿上部放在泡沫轴上，向上朝右膝方向弯曲左膝，力求脚掌大部分面积贴于地面。

❹ 轻微向右倾斜身体，调节身体重心，给大腿上部施加压力，慢慢向下滚动直至接近膝盖。

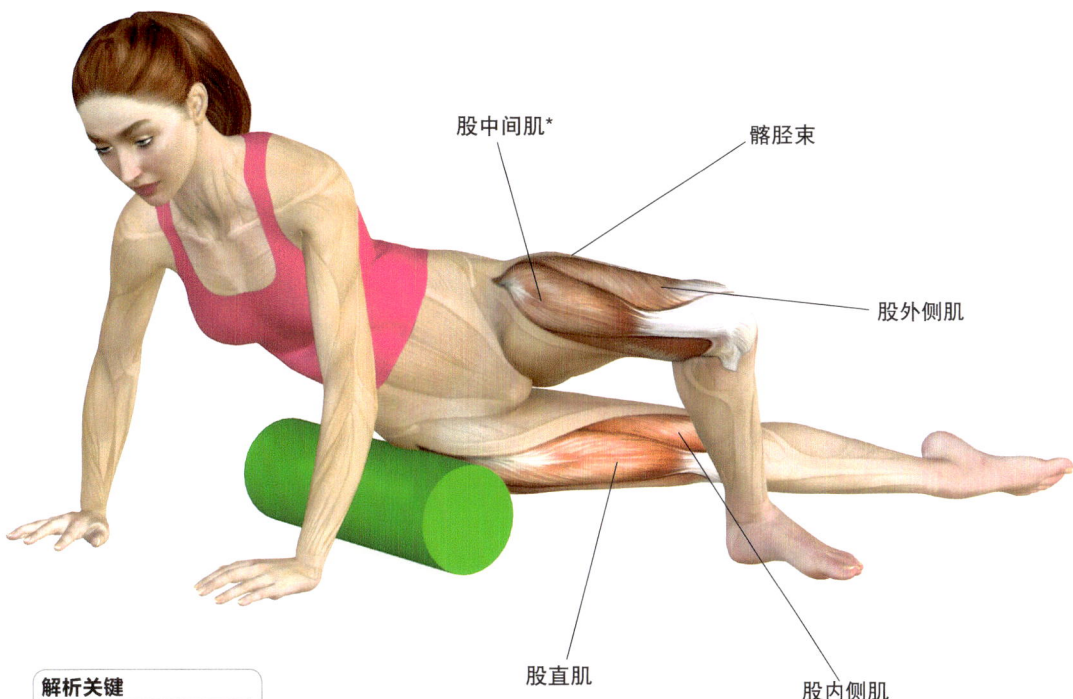

股中间肌*

髂胫束

股外侧肌

股直肌

股内侧肌

解析关键

黑色字体代表目标肌肉
*代表深层肌肉

⑤ 在感觉不适部位停留，直至不适减轻，再在此处前后滚动。持续滚动60秒。休息，然后重复该动作。

⑥ 换侧，重复整组动作。

ITB是什么？

髂胫束（ILIOTIBIAL BAND），通常简称为ITB。髂胫束，是腿部外侧纤维层的粗大束带，起于臀部，延伸至胫骨外侧、膝盖正下方。ITB与一些大腿肌肉一同为膝关节外部提供稳定性。

对于许多跳舞、跑步、骑自行车、徒步旅行及其他运动的人来说，髂胫束综合征是一种常见的大腿损伤。这些运动需要膝盖反复屈曲与伸展，容易引致IIB区域发炎，引起髋部和膝部疼痛。而泡沫轴按摩，会帮助阻止并减缓此综合征产生的不适。

背阔肌泡沫轴拉伸

❶ 臀部靠在脚踝上跪着，向右转移重心，使得弯曲的右腿放在左腿前。双手放在前面的泡沫轴上。

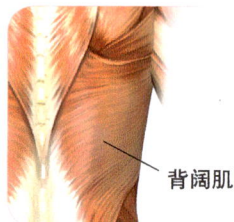

背阔肌

解析关键
黑色字体代表目标肌肉
*代表深层肌肉

❷ 越过泡沫轴，伸出右臂，向右倾斜身体，上身轻轻往下，靠在泡沫轴上。

锻炼目标
• 背阔肌

正确做法
• 控制好核心部位，保持臀部肌肉紧绷

避免
• 屏住呼吸

❸ 右手掌平放在地面作支撑，左手放在泡沫轴上，小心地提起下半身，使泡沫轴在中胸椎大肌肉处滚动。

❹ 在感觉不适部位停留，直至不适减轻，再在此处前后滚动。持续滚动60秒。休息，然后重复该动作。

最佳锻炼部位
• 背阔肌

142

背部泡沫轴拉伸

❶ 坐在地上，双腿平行伸到身前。保持脚跟不离地面，轻屈双膝。双脚着地，与肩同宽。

❷ 将泡沫轴放在臀肌与下背部之后。

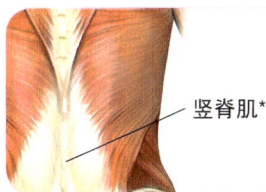

竖脊肌*

解析关键

黑色字体代表目标肌肉
*代表深层肌肉

最佳锻炼部位

• 竖脊肌

❸ 小心地向后倚在泡沫轴上。臀部轻微向上抬离地面，同时小步向前，开始在背部向上滚动泡沫轴。

锻炼目标

• 背部

正确做法

• 双手置于头部后面，向下放到身体两侧，或于胸前紧抱双臂

避免

• 屏住呼吸

❹ 在感觉不适部位停留，直至不适减轻，再在此处前后滚动。持续滚动60秒。休息，然后重复该动作。

专家建议

任何时候欲结束该拉伸练习，只需小步向前同时臀部下放至地面。

小腿和腘绳肌拉伸

❶ 竖直跪着，双手拿泡沫轴，然后把泡沫轴放在双膝后。

❷ 小心地轻微向前摇晃骨盆，将泡沫轴放在膝盖后面的深弯处。

❸ 轻轻坐在泡沫轴上，下放身体重心。

❹ 当开始坐上时，你会发现泡沫轴在小腿肌肉处自然滚动起来。用双手引领泡沫轴，朝脚踝向下缓慢移动泡沫轴。

锻炼目标

- 小腿
- 腘绳肌

正确做法

- 身体核心部位调节泡沫轴承重，寻求适当的拉伸强度

避免

- 前倾，应保持上身笔直

专家建议

若在小腿肌肉外部做更深、更进一步按摩，将双手放在泡沫轴最末端，并轻微向下弯曲双手。

小腿和腘绳肌拉伸·泡沫轴拉伸

❺ 在感觉不适部位停留，直至不适减轻，再在此处前后滚动。持续滚动60秒。休息，然后重复该动作。

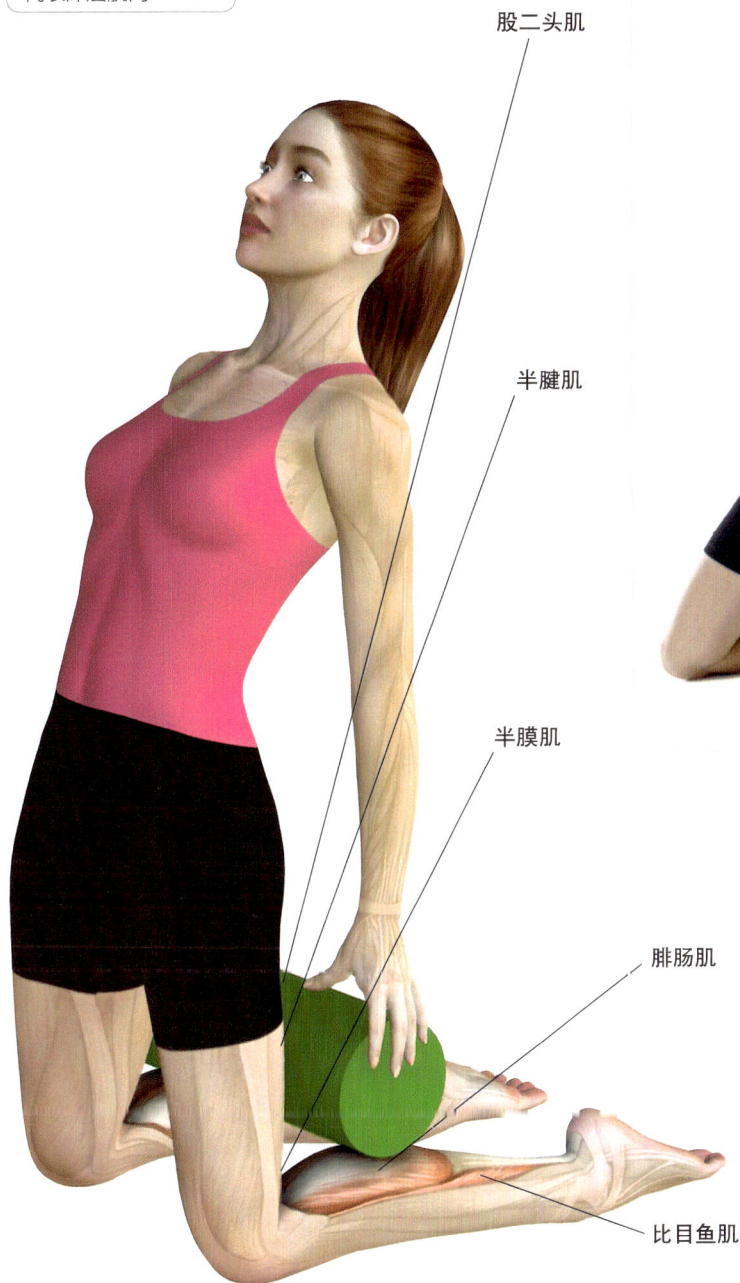

解析关键

黑色字体代表目标肌肉
*代表深层肌肉

股二头肌

半腱肌

半膜肌

腓肠肌

比目鱼肌

最佳锻炼部位

- 腓肠肌
- 比目鱼肌
- 股二头肌
- 半腱肌
- 半膜肌

胫骨泡沫轴拉伸

① 单腿跨过泡沫轴，轻微弓步，右腿在泡沫轴前，左腿在其后。双手放在右侧大腿靠近膝盖处作支撑。

专家建议

　　直接在泡沫轴上，轻轻前后摇晃胫骨，做更进一步按摩。

锻炼目标
- 胫骨

正确做法
- 通过调节双手的承重，来控制你放在泡沫轴上的压力大小

避免
- 屏住呼吸

② 下放身体，将膝盖下左侧胫骨的上部区域放在泡沫轴上。双手放在身前地上。

胫骨泡沫轴拉伸·泡沫轴拉伸

③ 向下坐在小腿肌肉处。

④ 在感觉不适部位停留，直至不适减轻，再在此处前后滚动。持续滚动60秒。休息，然后重复该动作。

⑤ 换侧，重复整组动作。

最佳锻炼部位

- 胫骨前肌
- 腓骨肌
- 趾伸肌

解析关键

黑色字体代表目标肌肉
*代表深层肌肉

胫骨前肌

腓骨肌

趾伸肌

极限挑战

不是所有人都有达到此种拉伸水准的意愿或需要，也不是所有人都可以做此类拉伸。然而，有许多兴趣爱好或职业，推荐或需要此种形式的身体控制，譬如跳舞或武术。

谣传具有极强柔韧性的人，如柔术表演者，因身体的过度使用，最终将导致他们不能行动、不灵活，从而很快变老。然而，事实并非如此。事实上，具备此种柔韧性的人，通常会健康、长寿，并且行动自如、积极生活。极强柔韧性会降低骨关节炎患病几率。柔韧性会赋予你力量，增大动作幅度，而此二者均会在你变老时给你带来积极影响。

向宠物学习

古语有云：健康长寿的秘诀在于灵活的脊椎。如果你有宠物的话，观察它在一天中拉伸背部和四肢的次数。几乎所有的脊椎动物都会在一天中做很多次拉伸及弯曲练习。

为健美而挑战

在做任何极限挑战拉伸训练前，先至少坚持一个月每日做拉伸练习。并且，在开始极限挑战拉伸或任何拉伸训练前，需咨询医生。记住：拉伸训练的成功，不一定在于达到极限拉伸水准。极限挑战仅适用于那些自我感觉发展到这个水平，并且因个人意愿或职业需求需要获得极强柔韧性的人。

灵活选择

极强柔韧性对以下运动和职业有益

- 花样滑冰
- 啦啦队
- 曲棍球守门员
- 田径
- 体操
- 特技表演
- 跳水
- 爬山
- 跳舞
- 武术

舞者弓步

① 四肢着地跪下，双膝在髋部正下方。双手置于身体稍前方地上，双手分开，稍宽于肩，掌心向下，指尖朝外。

② 保持左膝弯曲，胫骨平直贴于地面，右脚向前弓步，刚好放在右手正后方。

最佳锻炼部位

- 股直肌
- 股外侧肌
- 股中间肌
- 股内侧肌
- 股二头肌
- 半腱肌
- 半膜肌
- 臀大肌
- 臀中肌
- 臀小肌
- 长收肌
- 大收肌
- 短收肌
- 股薄肌
- 耻骨肌
- 闭孔外肌
- 髂腰肌
- 阔筋膜张肌

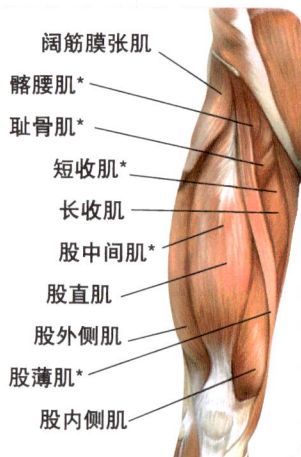

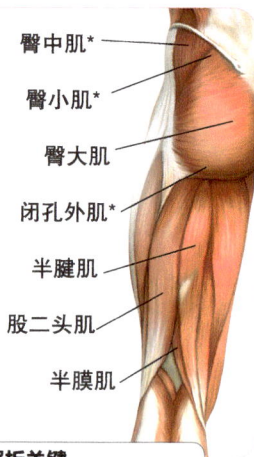

阔筋膜张肌
髂腰肌*
耻骨肌*
短收肌*
长收肌
股中间肌*
股直肌
股外侧肌
股薄肌*
股内侧肌

臀中肌*
臀小肌*
臀大肌
闭孔外肌*
半腱肌
股二头肌
半膜肌

解析关键
黑色字体代表目标肌肉
*代表深层肌肉

锻炼目标

- 股四头肌
- 臀肌区域
- 大腿内侧
- 腘绳肌
- 脚趾球

正确做法

- 保持后腿伸直，与髋部对齐，形成一条长长的直线

避免

- 胸部下放

③ 朝地面下放胸部，同时右手绕过右侧踝关节，向后滑，从而使右侧大腿靠在上臂之上。

④ 将左臂带到外侧，与右臂成一条直线，向前推，以拉直左腿。

⑤ 恢复到原位，换腿，重复以上动作。

平躺腘绳肌侧面拉伸

1 坐于地上，双腿伸到身前，屈右膝，在右脚底绕一条小毛巾或其他长带。

2 左手抓住毛巾两头，右手放身后。

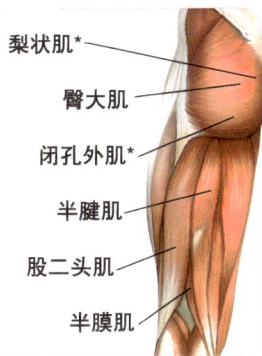

梨状肌*

臀大肌

闭孔外肌*

半腱肌

股二头肌

半膜肌

解析关键

黑色字体代表目标肌肉
*代表深层肌肉

最佳锻炼部位

- 股二头肌
- 半腱肌
- 半膜肌
- 臀大肌
- 梨状肌
- 闭孔外肌

3 小心地向后倾斜，向后带右腿，直至仰卧于地面，右膝弯曲于胸前。

锻炼目标

- 腘绳肌
- 臀肌区域

正确做法

- 保持贴于地面的腿部伸直伸长

避免

- 过度向后拉伸腿部，而使你感觉不适。应量力而行

4 伸出右手，远离躯干，掌心朝下。

5 使用毛巾，缓慢拉直右腿，直至右腿完全展开，膝盖横越上臂。

6 拉伸，换腿并重复。

双侧股四头肌拉伸

❶ 臀部轻轻靠在脚跟处跪下。

❷ 双手平放于身后地上，手指指向前方。双肘保持轻微弯曲。

❸ 轻微向后倾斜，以增强拉伸力度。

最佳锻炼部位

- 腹横肌
- 腹直肌
- 股直肌
- 股中间肌
- 股外侧肌
- 缝匠肌
- 耻骨肌
- 髂腰肌
- 阔筋膜张肌
- 胸大肌

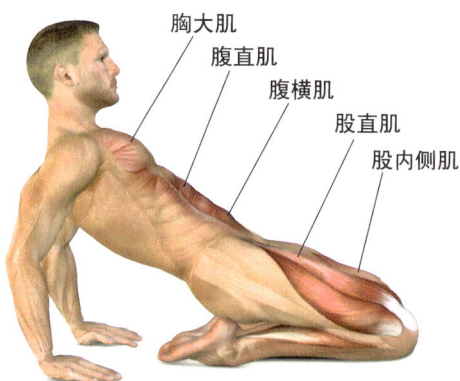

胸大肌
腹直肌
腹横肌
股直肌
股内侧肌

锻炼目标

- 腹部
- 大腿内侧
- 大腿外侧
- 胫骨
- 胸部

正确做法

- 收缩利用臀部肌群，避免腰椎弯曲；脚跟与臀肌间有空隙

避免

- 拱起背部

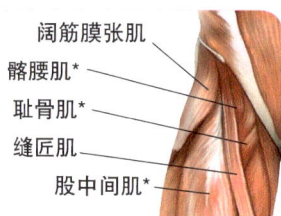

阔筋膜张肌
髂腰肌*
耻骨肌*
缝匠肌
股中间肌*

❹ 继续小心地向后倾斜，直至仰卧于地面。伸出双臂，远离躯干，掌心朝上。

解析关键
黑色字体代表目标肌肉
*代表深层肌肉

前劈腿

① 左腿着地跪下，右腿在前，确保膝盖没有伸到脚趾之外。左膝平直贴于地面，抬起臀部。

② 双手置于地上作支撑，端起双肩。

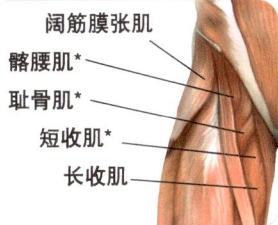

阔筋膜张肌
髂腰肌*
耻骨肌*
短收肌*
长收肌

③ 不施加外力，尽可能远地向后伸左腿，同时小心地向前移动右腿。

最佳锻炼部位

- 股二头肌
- 半腱肌
- 半膜肌
- 臀大肌
- 臀中肌
- 臀小肌
- 长收肌
- 大收肌
- 短收肌
- 股薄肌
- 耻骨肌
- 闭孔外肌
- 髂腰肌
- 阔筋膜张肌

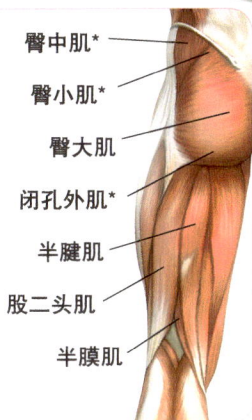

臀中肌*
臀小肌*
臀大肌
闭孔外肌*
半腱肌
股二头肌
半膜肌

锻炼目标

- 大腿内侧
- 腘绳肌
- 臀肌区域

正确做法

- 保持胸部打开并挺胸

避免

- 身体卜放太快；需要不断练习，方可做到两腿紧贴地面的完美劈叉

④ 坐直，保持该动作。

⑤ 回到原位，换腿，重复以上动作。

解析关键

黑色字体代表目标肌肉
*代表深层肌肉

153

俄罗斯式劈腿

俄罗斯式劈腿

❶ 坐直，将两脚底靠在一起。

❷ 双手放在身后地上。

最佳锻炼部位

- 股二头肌
- 半腱肌
- 半膜肌
- 臀大肌
- 臀中肌
- 臀小肌
- 长收肌
- 大收肌
- 短收肌
- 股薄肌
- 耻骨肌
- 闭孔外肌
- 髂腰肌
- 阔筋膜张肌

❸ 从臀部起，将双腿伸到尽可能远的地方。双脚微屈，脚尖朝上。

锻炼目标

- 髋部内收肌
- 腘绳肌
- 大腿内侧
- 臀肌区域

正确做法

- 躯干伸直，尽可能高地坐直
- 在全身下压阶段，保持背部平直，尽你所能向远处拉伸

避免

- 过大幅度地打开双腿；你要感觉拉伸的力度，但绝不要弄疼自己

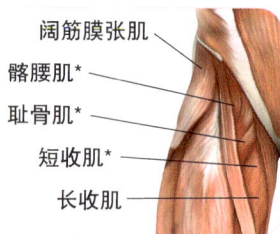

阔筋膜张肌
髂腰肌*
耻骨肌*
短收肌*
长收肌

臀中肌*
臀小肌*
臀大肌
闭孔外肌*
半腱肌
股二头肌
半膜肌

解析关键

黑色字体代表目标肌肉
*代表深层肌肉

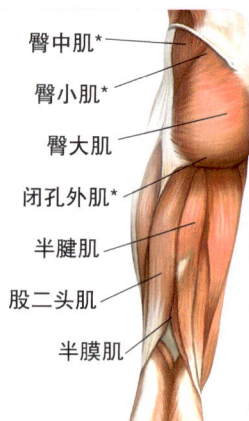

俄罗斯式劈腿后全身下压

❶ 自俄罗斯式劈叉动作开始，将双手带到前方，双手手掌放在身体前面的地上。

❷ 向前带动胸部至地面。

❸ 带动前额至地面，同时向身体两侧伸出双臂。

❹ 向后带动双腿，弯曲双臂，在头部上方放松双臂。

站式拉伸

辅助侧倾

❶ 双腿伸直站立，脚跟并拢，两脚尖向外分开。右手放在椅背或其他稳固物体上。

❷ 身体重心向右脚转移，向上弯曲左腿，左手抓住左脚底部。

锻炼目标
- 髋部内收肌
- 腘绳肌
- 大腿内侧
- 臀肌区域

正确做法
- 保持背部笔直、胸部打开
- 尽可能高地向上拉腿，但不能损伤髋部

避免
- 屏住呼吸

❸ 从臀部向上伸出左腿。

❹ 始终牢牢抓住脚底，向右倾斜上半身，直至躯干与右腿形成90度角。

❺ 恢复到原位，换腿，重复以上动作。

站式腿部拉伸

❶ 身体直立，两脚分开，与肩同宽。右手抓住脚踝，左手抓住脚趾，屈右腿。

❷ 始终抓住脚踝和脚趾，以髋部为中心，向上扭转右腿。

❸ 继续向上拉伸腿部，直至右腿完全打开，垂直于地面。

❹ 恢复到原位，换腿，重复以上动作。

最佳锻炼部位

- 股直肌
- 股外侧肌
- 股中间肌
- 股内侧肌
- 股二头肌
- 半腱肌
- 半膜肌
- 臀大肌
- 臀中肌

- 臀小肌
- 长收肌
- 大收肌
- 短收肌
- 股薄肌
- 耻骨肌
- 闭孔外肌
- 髂腰肌
- 阔筋膜张肌

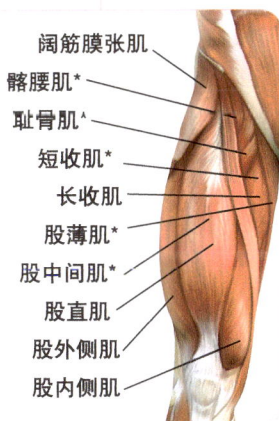

阔筋膜张肌
髂腰肌*
耻骨肌*
短收肌*
长收肌
股薄肌*
股中间肌*
股直肌
股外侧肌
股内侧肌

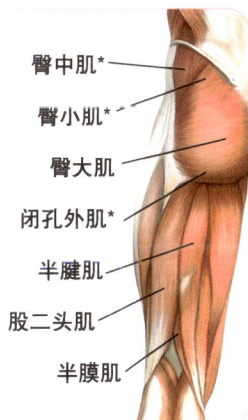

臀中肌*
臀小肌*
臀大肌
闭孔外肌*
半腱肌
股二头肌
半膜肌

解析关键
黑色字体代表目标肌肉
*代表深层肌肉

157

快速拉伸锻炼

仅用10～15分钟时间，便可完成整个快速拉伸锻炼。"没有充足时间"，不再是错过日常拉伸练习的借口。

想必你已发现，每天早上总有15分钟，你想锻炼却又懒得动，喝着咖啡为此犯愁。这里介绍的20步锻炼计划，采用双边拉伸的形式，尽量压缩锻炼用时，因此该锻炼进展迅速、简单易行。那么，当你早晨刚醒时，就花上几分钟做此锻炼吧。

你也可以在上床睡觉前做此锻炼。长长的一天下来，肌肉常常会紧绷起来。提前10～15分钟进入卧室，做快速拉伸锻炼，放松身心，准备进入恬静梦乡吧。

我们中的许多人每天都会看电视。边看电视边运动，也是不错的选择。与其长时间坐在沙发上看电视，不如一边欣赏着喜爱的电视节目，一边做此锻炼。

即便很难找到10～15分钟的空闲时段，快速拉伸锻炼仍然有用——全天下来你可以分几次做完整个练习。只要按照顺序做，按要求保持一定时间或按规定的次数做即可！

全家总动员

把孩子们叫上一起参加锻炼，让健身成为全家人的事！该快速锻炼用时很短，足可以吸引各年龄段孩子们的注意与兴趣。

1 保持20秒
双腿坐式前屈
（第28、29页）

2 保持20秒
折叠蝶式
（第31页）

3 两侧各保持20秒
平躺椒盐卷饼拉伸
（第36、37页）

4 两侧各保持20秒
单腿拉伸
（第38页）

5 两侧各保持20秒
4字形平躺
（第42、43页）

6 两侧各保持20秒
侧卧式肋骨拉伸
（第48、49页）

7 保持20秒
眼镜蛇式拉伸
（第52、53页）

8 两侧各保持20秒
鸽子式拉伸
（第56、57页）

9 保持20秒

胫部拉伸
（第58、59页）

10 保持20秒

青蛙叉开式
（第60、61页）

11 保持20秒

触趾式拉伸
（第70页）

12 两组，每组保持5秒

狮式拉伸
（第75页）

13 两侧各保持10秒

颈部侧倾
（第76页）

14 保持20秒

颈后拉伸
（第77页）

15 两侧各保持20秒

肱三头肌拉伸
（第78页）

16 两侧各保持20秒

墙壁辅助式胸部拉伸
（第80、81页）

17 两侧各保持20秒

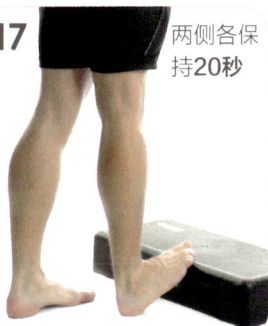

脚趾朝上小腿拉伸
（第85页）

18 两侧各保持20秒

侧弓步拉伸
（第92、93页）

19 两侧各保持20秒

前弓步
（第94、95页）

20 保持20秒

下犬式
（第100、101页）

工作人员及致谢

第148页插图由Aspen Photo/Shuttterstock提供，其余图片均由Jonathan Conklin/Jonathan Conklin Photography, Inc.提供。

第74、106、107、111、115、117、119、123、124、125、126、127、132、133、134、135、137、142和143页插图由Linda Bucklin/Shuttterstock提供，其余解剖学插图均由Hector Aiza/3D Labz Animation India提供。

海报插图由Linda Bucklin/Shutterstock提供；插图由Hector Aiza/3D Labz Animation India提供。

设计：Brandon Liberati

模特：Craig Ramsay和Kelly Jacobs

致谢

感谢支持我的家人、朋友和同事：Brandon Liberati、Jerry Mitchell, Kelly Jacobs、Adam Jacobs、Catherine Wreford Ledlow、Kevin Rhodes、Amy Rivard、Gregg Simmons、Scott Barton、Barb Frederick（创新艺术家）、Scott Schwimer、Chuck and Lenore Ramsay（父亲和母亲）、Phyllis Ramsay（祖母），Scott和Vickie Davey, 安大略省哈罗镇，以及我的体式排演人员。

我还要感谢编辑/设计师Lisa Purcell、Moseley Road公司总裁Sean Moore，以及摄影师Jonathan Conklin。

作者和出版商同样感谢密切参与本书制作的人：Moseley Road公司总裁Sean Moore、编辑总监Lisa Purcell;总经理Karen Prince、艺术总监Brian MacMullen、编辑Erica Gordon-Mallin, 以及设计师Terasa Bernard和Danielle Scaramuzzo。